本书由人文在线出版基金资助出版

当代中国新闻法制理论的文献基础研究

陈雪丽 著

光明日报出版社

图书在版编目（CIP）数据

当代中国新闻法制理论的文献基础研究/陈雪丽著.
-- 北京：光明日报出版社，2017.8
ISBN 978-7-5194-3221-8

Ⅰ.①当… Ⅱ.①陈… Ⅲ.①新闻工作—法治—文献—研究—中国—现代 Ⅳ.①D922.164②G256

中国版本图书馆CIP数据核字（2017）第182336号

当代中国新闻法制理论的文献基础研究

著　　者：陈雪丽	
责任编辑：李壬杰	责任校对：谷晓倩
封面设计：人文在线	责任印制：曹　净

出版发行：光明日报出版社
地　　址：北京市东城区珠市口东大街5号，100062
电　　话：010-67017249（咨询），67078870（发行），67019571（邮购）
传　　真：010-67078227，67078255
网　　址：http://book.gmw.cn
E-mail：gmcbs@gmw.cn　lirenjie111@126.com
法律顾问：北京德恒律师事务所龚柳方律师
印　　刷：北京市金星印务有限公司
装　　订：北京市金星印务有限公司
本书如有破损、缺页、装订错误，请与本社联系调换

开　　本：710mm×1000mm　1/16	
字　　数：188千字	印　　张：14
版　　次：2017年8月第1版	印　　次：2017年8月第1次印刷
书　　号：ISBN 978-7-5194-3221-8	

定　　价：50.00元

版权所有　翻印必究

目 录

绪 论 ·· 1
    一、选题来源及意义 ·· 1
    二、关键概念界定 ·· 3
    三、文献及研究综述 ·· 16
    四、研究范围与研究内容 ··· 22
    五、研究思路与方法 ·· 23
    六、研究的创新点与难点 ··· 24

第一章 我国新闻法制理论的文献基础类型 ························ 26
  第一节 新闻法制理论的文献基础类型概述 ··············· 26
    一、法务公文类文献 ·· 29
    二、学术类文献 ·· 34
    三、其他类型文献 ·· 39
  第二节 我国新闻法制研究高被引期刊论文的
         引文类型分析 ·· 40
    一、研究样本的来源 ·· 43
    二、研究样本的确立与分析 ····································· 43

第二章 我国新闻法制理论的文献主题 ······························· 64
  第一节 基于期刊论文分析我国
         新闻法制理论的文献主题 ································ 65

　　　　一、研究样本的获取与确立 ················· 65
　　　　二、研究样本的主题归类 ··················· 69
　　　　三、研究主题的描述与分析 ················· 75
　　第二节　基于相关专著分析我国
　　　　　　新闻法制理论的文献主题 ················· 80
　　　　一、研究样本的获取与确立 ················· 81
　　　　二、研究样本的主题归类与描述分析 ········· 82
　　第三节　基于文献综述分析我国
　　　　　　新闻法制理论的文献主题 ················· 91
　　　　一、研究样本的获取与确立 ················· 93
　　　　二、研究样本的主题归类与描述分析 ········· 95

第三章　中国新闻法制理论的文献互动 ··············· 102
　　第一节　基于研究主体的新闻法制理论文献互动 ······· 103
　　　　一、我国新闻法制理论的科研合作 ··········· 104
　　　　二、我国新闻法制理论的学术论争 ··········· 111
　　第二节　基于研究方法的新闻法制理论文献互动 ······· 141
　　　　一、一般理论阐述的方法 ··················· 142
　　　　二、文献分析的方法 ······················· 145
　　　　三、案例分析的方法 ······················· 151
　　　　四、比较研究的方法 ······················· 154
　　第三节　中国新闻法制理论文献互动的效果 ··········· 155

结　　论 ··· 159
参考文献 ··· 168
附　　录 ··· 190
后　　记 ··· 216

绪　论

一、选题来源及意义

（一）选题来源

本书将选题定为"当代中国新闻法制理论的文献基础研究"，主要的考虑有两点：第一，中国新闻法制理论 30 余年来的研究和推进过程中已经积累了一批文献成果，它们构成了当前开展新闻法制理论研究的文献基础，有必要对其进行系统、全面的梳理，以尽可能清晰地呈现中国新闻法制理论研究主题的延续与更替，各类主题研究成果的积累状况；第二，中国新闻法制理论的研究主体主要由新闻传播界与法律界的学者及实务从业者构成，不同学术和职业背景、研究思路相异的文献生产者共同推动了中国新闻法制理论的发展，他们在文献生产过程中的合作、争议与交流状况等，也有待更加系统、深入地考察。通过阅读新闻法制研究的已有文献资料，笔者尝试对 30 余年来中国新闻法制理论的文献概况有一个宏观的把握，将自己在该过程中所作的思考加以总结和整理。

（二）研究意义

任何一项研究都建立在以往学术研究和相关文献的基础之上。30余年来，国内在新闻法制进程的方向上已经积累了数量可观的论文、专著等学术类文献和法务公文类以及其他类型的文献，它们是学术界进一步研究新闻法制相关议题所依凭的重要文献资料，通过梳理这些文献资料，据此考察以往研究与实践的发展以及文献之间的互相利用状况，可以为新研究的展开提供理论、观点乃至文献合理利用等方面的借鉴。

一个国家成熟的法律文化"不仅包括法律制度、法律命令和法律判决等，而且还包括法律学者对法律制度、法律名誉和法律判决所作的阐述"[①]。新闻法制理论的发展也是如此，虽然我国至今没有出台法律层级的单行新闻法，但是30余年来各类规范性文件中对新闻法制相关问题的规定已多有积累，关涉新闻活动的各类民事乃至行政和刑事诉讼也时有所见，学术界对国内新闻法制现实进程的考察和论证、对法务公文类文献的分析和阐释也已积累了较为丰富的研究成果。对上述新闻法制文献进行类型、特征以及互动关系的考察和梳理，也可以帮助我们把握新闻法制研究与新闻立法和司法实践之间的内在联系，明了新闻法制研究业已取得的进展和存在的不足，有助于学术界在未来开展新的研究时减少盲目性和重复劳动，更充分、高效地借鉴、吸纳和利用已有的文献成果，同时具有意义的是，对既往文献成果的深入了解和恰当援用，也是一种对曾经为新闻法制建设作出了理论贡献的同仁表达敬意和尊重的最好方式。

[①]〔美〕哈罗德·J·伯尔曼著：《法律与革命》，北京：中国大百科全书出版社1993年版，第10页。

二、关键概念界定

（一）新闻法、新闻传播法、大众传播法、传播法

目前我国学术界有新闻法、新闻传播法、大众传播法、传播法等构词和词义相近的若干常用术语，仔细区辨，这些指称彼此之间的含义还是有差别的。为了明确本书研究的内容范围，有必要对这些概念加以界定和说明。

首先，关于"新闻法"和"新闻传播法"，主要有如下定义：

> 新闻法是保障新闻传播活动中的社会公共利益和公民、法人的有关合法权益，调整新闻传播活动中各种法律关系的法律规范的总称。从广义说，它包括规范新闻传播活动的所有的法律、法规、规章的总和，而不论是专门法，还是散见于其他法律、法规的条款之中的内容。狭义的新闻法仅指以"新闻法"为名称的单行的法律文件[①]。

> 新闻法就是关于新闻活动的法律，是调整新闻活动中各种法律关系，保障新闻活动中的社会公共利益和公民、法人的相关合法权益的法律规范的总称[②]。

> 新闻法是调整新闻活动中各种法律关系，保障权力对权利尊重之下的新闻自由的法律[③]。

> 新闻传播行为的法律制度，主要包括确认新闻事业体制和隶属关系等因素的法律地位，建立业务组织、管理体系，划定新闻从业人员在法律上的职责关系，调节和监督新闻传播行为

[①] 魏永征：《中国新闻法制的现状及发展》，《新闻界》1997年第1期，第27—29页。

[②] 魏永征：《没有〈新闻法〉就不要讲新闻法学吗？——新闻法和新闻法学的内容》，《新闻三昧》1998年第7期，第44—45页。

[③] 张诗蒂、吴志伟：《新闻法新论》，成都：四川大学出版社2008年版，第16页。

的指向,解决新闻机构间的纠纷,规定新闻传播行为的法律后果特别是违法行为的法律制裁以及规定和保障新闻工作程序,等等①。

在上述定义中,新闻法和新闻传播法基本同义,其核心所指均是"调整新闻活动中各种法律关系"或者"调整新闻的传播活动中各种法律关系",而非"新闻法"和"传播法"的结合。其中,"新闻传播法"中的"新闻"和"传播"二词是偏正结构,即"新闻的传播",而不是"新闻和传播"的并列结构。

随着广播、电视等大众传播媒体的发展,学术界对新闻法与新闻传播法的界定稍有改动,但是定义的侧重点仍在"新闻"一词上,而只是增加了对广播、电视的关注,如对"新闻法""新闻传播法"等概念,学术界有广义和狭义两种理解,例如:"导论开头对新闻传播法下的定义属于广义的新闻传播法,就是指我国法律体系中所有适用于新闻传播活动的规定,包括宪法、民商法、行政法等各个法律部门中所有适用于新闻传播活动的法律文件的条款。狭义的新闻传播法,是指规范新闻传播活动和新闻事业的专门性的法律,如'新闻法''报刊法''广播电视法'等"。②

其次,关于"大众传播法"和"传播法",主要有如下定义:

> 大众传播法,是指规范大众传播活动和各类大众传播媒介的法,是调整大众传播活动中各种社会关系,保障大众传播活动中的社会公共利益和公民、法人等个体的有关合法权益的法律规范的总称③。

---

① 陈绚:《新闻道德与法规》,北京:中国大百科全书出版社2005年版,第143页。
② 魏永征:《新闻传播法教程》,北京:中国人民大学出版社2013年版,第2页。
③ 魏永征、张鸿霞:《大众传播法的由来》,2007年4月13日,魏永征的博客(http://weiyongzheng.com/archives/29926.html),2013年5月20日查阅。

大众传播法是指国家制定和颁布的规范大众传播活动和各类大众传播媒介的法律，是调整大众传播活动中各种社会关系，保障大众传播活动中的社会公共利益，以及规范国家政权机构、大众媒介组织、公民、法人等在大众传播活动中的权利义务的法律总称。这里的大众传播是指社会中借助大众媒介，如报刊、书籍、广播、电视、电影、互联网等向人数众多的、不确定的受众进行的信息传播活动[1]。

传播法指的就是调整与信息传播活动有关的各种社会关系的法律规范的总称[2]。

传播法，就是以传播关系为调整对象的关于传播权及其行使的法律规范的总和，属经济行政法及公法与私法的并合，是由大量散见的单行法律法规构成的法律体系。传播法是国家制定的调整因信息传播（出版、刊登、影视、录音录像、表演、播放等）而发生的各种社会关系的法律规范的总称[3]。

传播法，泛指规范各类新闻与传播活动，保障新闻与传播活动主体合法权益的法律、法规和行政规章中的各种规定。在当代中国，新闻出版和广播电视行政管理部门于行政规章之外创制的某些下位行政规范，对特定的传播与媒介消费活动具有事实上的强制性和约束力，也可将其视为一类具有某种传播法效果的广义法源[4]。

从语义上来讲，大众传播法和传播法是有所不同的，但是从上述定

---

[1] 陈绚：《新闻传播法规案例教程》，北京：中国人民大学出版社2009年版，绪论第1页。
[2] 梁宁：《导读》；〔美〕泽勒尼 John D. Zelezny.《传播法：自由、禁止与现代传媒（影印）》，清华大学出版社2004年版。
[3] 林锦峰：《传播法制化的必要性与传播法的思考》，《中山大学学报》1998年第1期，第110—116页。
[4] 宋小卫：《在法条之间徘徊——传播法识读随笔》，《国际新闻界》2010年第10期，第40—44页。

义中可以发现，大众传播法和传播法涵盖的对象基本相同，它们的核心所指均是"各类信息传播活动中法律关系"，其中既包括传播新闻信息的活动，也包括利用广播、电视、电影、互联网等大众媒介传播其他类型如影视、录音、录像等各种信息的活动。鉴于新闻传播是大众传播的一部分[①]，再结合上述新闻法与新闻传播法的定义可知，新闻法或新闻传播法只是涵括在大众传播法和传播法之内的一部分。

本书所考察的新闻法制文献专指规范新闻活动的法制文献内容，除了报纸之外，广播、电视、广告等其他大众传播形式中涉及新闻传播行为的部分虽然都属于新闻法规范的范畴，但是本书仅涵括报纸、广播、电视中关于新闻传播活动的相关文献，而对于广告中关乎新闻传播活动的相关文献暂时不作考察。此外，在著作权范畴讨论的新闻传播行为，如时事新闻的著作权问题等，也暂不纳入本书的考察范围。

（二）新闻法制与新闻法治

理清法制与法治的关系是准确界定新闻法制与新闻法治的前提，对于法制和法治的关系，学术界有不同的观点。其中，一种观点认为法制的内涵比法治的内涵要丰富，主要观点如下：

"法制"有三层含义，第一层是指法律制度，即指静态意义上的法制；第二层是指规定或制订立法、执法、司法、守法和法律监督等制度和办法，即指动态意义上的法制；第三层是指依法裁断、依法制止、依法控制，即是指依法治国、依法治理、依法办事的原则和方法，即严格地遵守和执行法律，依法而治[②]。

"法治"的含义是依法治国、依法管理、依法建立秩序，即治国的方

[①] 魏永征：《〈大众传播法学〉导言（上）》，2007年4月13日，魏永征的博客（http://media.stu.edu.cn/weiyongzheng/archives/29926），2013年3月20日查阅。

[②] 张浩：《简论法制与法治》，《中国法学》1993年第3期，第48—50页。

法和制度，其与上述法制的第三种含义相同或一致①。

由此可见，法制的内涵比较丰富和广泛，而法治的内涵则比较单一和狭窄。法制有时是静态意义上的法律制度，而法治一词，往往很少有这种用法；法制有时是指动态意义上的法律的制定、遵守、执行和监督等方面的活动或过程，而法治一词则很少被人们这样运用。法制与法治主要是在依法治国、依法办事、依法为治等原则和制度上，才为人们所通用②。

另一种观点认为法治的内涵要大于法制的内涵，主要论述如下：

"法制"通常在两种意义上使用：一种是静态意义上的法制，即法律和制度；另一种是动态意义上的法制，即指立法、执法、司法、守法和法律监督的活动和过程。法制侧重于形式意义上的法律制度及其实施③。

"法治"不仅包括形式意义上的法律制度及其实施，更强调实质意义上的法律至上、权利保障的内涵④。

"法治"的内涵与外延要大于"法制"：法制是法治的基础和前提条件，要实行法治，必须具备完备的法制；在现代社会，法治应当是法制的立足点和归宿，法制的发展前途最终应当是实现法治⑤。

这种理解的出发点是将法制的内涵限定为制度范畴的法律制度及其实施，从事新闻法制理论研究的学者也多是强调法制在制度范畴的含义，如马光仁（2007）指出"法制，是法律和制度的总称"⑥，而未提及法制在依法裁断、依法制止、依法控制等方面的含义。由此延伸到对新闻法制的定义，学术界一般是将其界定为规范新闻活动的法律和制度，

---

① 张浩：《简论法制与法治》，《中国法学》1993年第3期，第48—50页。
② 张浩：《简论法制与法治》，《中国法学》1993年第3期，第48—50页。
③ 教育部考试中心编：《法律硕士（非学位）专业学位联考考试大纲》，北京：高等教育出版社2011年版，第293页。
④ 教育部考试中心编：《法律硕士（非学位）专业学位联考考试大纲》，北京：高等教育出版社2011年版，第293页。
⑤ 刘斌：《法治新闻传播学》，北京：中国政法大学出版社2012年版。
⑥ 马光仁：《中国近代新闻法制史》，上海：上海社会科学院出版社2007年版，第1页。

此处列举几例：

> 新闻法制是有关新闻传播活动的法律和管理制度的总称[①]。
>
> 新闻法制是基于新闻法律制度而形成的新闻传播关系和新闻法律秩序的总和[②]。
>
> 新闻法制指有关新闻业的法律、规章和管理制度，涉及国家对新闻业的控制与管理、新闻业内部行为准则等方面[③]。
>
> 新闻法制就是特指统治阶级通过政权机关建立起来的关于新闻传播活动方面的法律制度[④]。
>
> 新闻法制是统治阶级按照自己的利益与意志，通过政权机关建立起来的，用以调节新闻传播各方面关系和调控新闻传媒的法律制度[⑤]。
>
> 新闻法制是调整规范新闻活动的法律、法规、规章的规定总和以及这些规定的制定和实施，是新闻媒介在社会上得以立足发展的基石[⑥]。
>
> 新闻法制是掌握国家政权的社会集团按自己的利益和意志，通过政权机关建立起来的、用以调节新闻传播活动中各种关系的法律制度[⑦]。

对于新闻法治的定义，有的学者将其等同于静态意义上的新闻法制，

[①] 马光仁：《中国近代新闻法制史》，上海：上海社会科学出版社2007年版，第1页。
[②] 薛传会：《新中国两次法律革命与新闻法制建设》，《当代传播》2009年第2期，第77—79页。
[③] 熊月之：《序二》，马光仁：《中国近代新闻法制史》，上海：上海社会科学出版社2007年版，第1页。
[④] 倪延年：《中国红色法制发展史论》，《新闻与传播研究》2008年第6期，第21—29页。
[⑤] 童兵：《比较新闻传播学》，北京：中国人民大学出版社2002年版，第242页。
[⑥] 李毅：《新闻法制建设亟待加强》，《检察日报》2002年1月23日。
[⑦] 王建国：《新闻法制理论研究》，长春：吉林大学出版社2007年版，第3页。

即规范新闻传播活动的法律规定,如有学者提到"新闻法治是一个庞大的复杂体系,有广义与狭义两种形态"①,并将其等同于新闻法作了如下论述:

> 新闻法治,主要是通过法律、法规或判例,确定有关的权利与义务,调整围绕新闻媒介及其传播活动所产生的两方面法律关系……新闻法治是一个庞大的复杂体系,有广义与狭义两种形态。广义上的新闻法,指一切可以适用于新闻传播活动的法律法规,主要有宪法、民法、刑法、电讯法、信息自由法、公正审判法、著作权法、广告法、反不正当竞争法或反垄断法、公司法,等等;狭义上的新闻法,是指针对新闻媒介和新闻传播活动的专门立法,或以新闻法、媒介法这样总括的形式出现,或以更具体的报刊法(或印刷出版物法)、广播电视法、电子媒介法等细分的单行立法的形式存在②。

还有学者指出"新闻法治"是新闻领域涉及的法治,即用法来规范和治理新闻传播行为③。该定义在某种程度上强调了新闻法治是依照已有的规范新闻传播活动的法律制度来规范和治理新闻传播行为。

还有学者这样论述:"所以党的十一届三中全会以后,加强新闻法制,实现新闻法治就成了新闻人的不懈追求。……制定新闻法,实行依法管理,是对新闻传播最好的规制方式。我国实行改革开放以后很快就开启了新闻立法的历程,在实现新闻法治的道路上迈出了历史性的步

---

① 张西明:《张力与限制——新闻法治与自律的比较研究》,博士学位论文,中国社会科学院研究生院,2000年,第2页。
② 张西明:《张力与限制——新闻法治与自律的比较研究》,博士学位论文,中国社会科学院研究生院,2000年,第2—3页。
③ 张晶晶:《我国新闻法治的基本理念辨析》,《新闻知识》2010年第7期,第82—84页。

伐。"① 其内在含义是，新闻立法是新闻法制的重要内容与步骤，这是实现新闻法治的必要前提和条件，新闻法制对应新闻立法，而新闻法治则对应新闻业的依法管理。

即使目前学术界对"新闻法制"和"新闻法治"所作的界定更倾向于认为"法治"的内涵要大于"法制"的内涵，即第二种观点。但是，本书论题中所使用的法制概念，不仅包含静态意义上的法律制度，还包含动态意义上的法律的制定、遵守、执行和监督等方面的活动或过程，本书所称的新闻法制，既指规范新闻传播活动中各种社会关系的法律制度，也包括对具体新闻传播行为的治理和实施，其中的"新闻传播活动"是指"新闻的传播活动"而非"新闻和传播活动"。

（三）新闻法制理论、新闻法制学与新闻法学

理论是指人们关于事物的理解和论述。就研究对象来说，学科是全面而系统的研究，理论则是某方面的研究。学科由系列理论组成，理论是构成学科的要素②。比较而言，学科是宏观的，理论是微观或中观的、具体的。学科的成熟，不能离开理论的成熟，理论是促进学科成熟和不断发展的基础③。

任何一门学科成熟的标准，总是表现为将已经获得的理性知识成果——概念、范畴、定律和原理系统化，构成一个科学的理论体系。这种理论体系不是零碎知识的汇集，也不是一些定律的简单拼凑，更不是许多科学事实的机械凑合，而是有其一定内部结构的、相对完整的知识体系，或者说，是反映对象本质、对象发展规律的概念系统④。从这个角度看，与一些传统成熟的学科相比，新闻法制的研究领域在这方面的差

---

① 孙旭培：《中国新闻法治建设30年》，《新闻学论集（第21辑）》2008年12月8日，第154—167页。
② 舒炜光：《科学认识论》第三卷，长春：吉林人民出版社1990年版，第154页。
③ 王牧：《学科建设与犯罪学的完善》，《法学研究》1998年第5期，第127—141页。
④ 彭漪涟：《概念论——辩证逻辑的概念理论》，北京：学林出版社1991年版，第250页。

距还较大，真正属于新闻法制理论"自产"的概念和范畴还相当不够[①]。从目前我国学者对新闻法制学或新闻法学的运用可知，对其理解仅仅是研究新闻法制相关议题的学问与科学，而尚未上升到学科的层面。此处仅列举几例：

> 新闻法制学，是研究新闻传播中的法律关系及其制度规范的一门科学。它要对涉及新闻传播中各种法律关系的相关概念进行准确表述；对新闻自由与新闻法制、新闻道德与新闻法制、新闻政策与新闻法制之间的关系进行理论阐释；对新闻传播活动中各种与法制相关的理论与实践问题进行专门研究[②]。
>
> 新闻法学，是随着中国新闻法制建设而发展起来的一门新兴边缘学科，是研究新闻传播活动中的各种社会关系、法律关系和新闻法的制定、实施的规律的一门社会科学[③]。

一般来说，目前国内学界所谓的新闻法制学或新闻法学，多指新闻传播活动中有关法律关系的学问或科学而非"学科"，因此，这两个称谓在本质上与新闻法制理论几乎没有差异，研究内容也基本相同，即对新闻传播活动中的各种法律关系的理解和论述。

从我国学制规范的角度看，新闻法制研究也尚未构成一门独立的学科。在我国的学科分类目录下，还没有新闻法学这一分支。根据《授予博士、硕士学位和培养研究生的学科、专业目录（1997年版）》可知，1997年国务院学位委员会学科评议组在文学学科门类下，将新闻传播学定为一级学科，下属新闻学和传播学两个二级学科。而新闻理论属于二

[①] 王牧：《学科建设与犯罪学的完善》，《法学研究》1998年第5期，第127—141页。
[②] 郑保卫：《新闻法制学概论》，北京：清华大学出版社2009年版，第2—3页。
[③] 魏永征：《中国的新闻法学研究》，《大众传播学研究》2000年第1期；转引自王富贵：《魏永征：中国的新闻法学研究》，2011年4月12日，王富贵的博客（http://blog.sina.com.cn/s/blog_5c38a3010100qp1g.html），2013年5月21日查阅。

级学科新闻学之下的研究方向，新闻法制研究则是新闻理论方向之下的一个更细的方向。

但是，根据中华人民共和国学科分类与代码国家标准（GB/T 13745—2009）划分，新闻学与传播学作为一级学科，包含新闻理论等多个二级学科，其中新闻法是新闻理论下的三级学科，即"860 新闻学与传播学—860.10 新闻理论——860.1010 新闻学；860.1015 马克思主义新闻理论；860.1020 西方新闻理论；860.1025 新闻法；860.1030 舆论学；860.1035 新闻伦理学；860.1040 新闻社会学；860.1045 新闻心理学；860.1050 比较新闻学；860.1099 新闻理论其他学科"[①]，根据该标准的分类划分，新闻法是与新闻伦理学、新闻社会学等相关议题并列的三级学科。

即使存在上述划分的不一致，在高校的招生简章中，新闻法学一直被视为研究方向，而非独立的学科门类，在新闻学和法学两个专业招生，或者是在新闻学专业招生，如中国政法大学自 2007 年起在新闻学和法学（法学理论）两个专业招收新闻政策与法规方向硕士研究生，2013 年更名为"传媒法学"方向，是国内最早设立的传媒法学专业硕士授予点之一。

由此可见，国内高校在招生时并未将新闻法制学或新闻法学认定为一个独立的专业或者学科，而只是一个研究方向。即便是在学科分类与代码国家标准中将其划归为三级学科，也应同时归属于新闻学和法学，而并非仅仅划入新闻学，因为相当一部分法学背景的学者都在致力于新闻法制研究，还有很多在法学专业攻读新闻法方向的研究生。该标准虽然很巧妙地在每个学科门类后边都列出了某学科其他学科，但是并不足以凸显出对新闻法应同时划入法学学科门类的关注。而且，当前学术界使用新闻法学时的研究范畴基本与新闻法制理论考察范畴相同。鉴于

[①]《中华人民共和国国家标准学科分类与代码表》，2007 年 5 月 30 日，360 个人图书馆（http://www.360doc.com/content/13/0410/15/1952_277379573.shtml），2014 年 3 月 20 日查阅。

上述关系并未厘清，本书采用新闻法制理论的称谓指代有关新闻法制的研究。

（四）文献、基础文献和文献基础

文献是重要的信息资源，它能帮助人们克服时间与空间上的障碍，记录、贮存和传递人类已有的知识与经验，从而推动人类知识的增加和科技的进步。依照《文献情报术语国际标准（草案）》（150/DIS5127）的定义：文献是指"在存贮、检索、利用或传递、记录信息的过程中，可作为一个单元处理的，在载体内，载体上或依附载体而存贮有信息或数据的载体"[①]。我国《文献著录总则》（GB3792·1—83）参照上述国际标准将文献解释为"记录有知识的一切载体"[②]。由此可知，文献与信息知识是不可分割的，文献必然包含了一定的信息知识，信息知识必须依附于一定形式的物质载体才能存在。因此，文献的内在实质乃是信息知识，是信息系统的组成部分，是依附于物质载体进行信息存贮和传递的子信息系统，具有一定物质属性与信息知识内容的集合[③]。

关于基础文献的定义，目前尚未有人作出明确界定，通过学术界发表的文章可以发现，基础文献被理解为发表时间较早并且奠定了某学科或者研究领域的知识基础的文献，其在时间上表现为较早时期，在功能上表现为对学科开创及其发展根基奠定具有重要意义的文献。例如：《我国8种教育期刊基础文献与核心著者分析》（邢志强、姜惠莉，2000）一文，指出"基础文献又叫关键论文，国际通用的测量方法是根据公开发表的专业文献的引证频次来确定的"，其将发表在该文选定

[①]《文献情报术语国际标准（草案）》；转引自：王晓璐：《当代中国文献学基础理论研究》，硕士学位论文，郑州大学，2012年，第18页。

[②]《文献著录总则》，北京：中国标准出版社1983年版；转引自：王立诚：《社会科学文献检索与利用》，南京：东南大学出版社2002年版，第3页。

[③] 黄宗忠：《论文献类型的变革及其对文献资源建设的影响》，《武汉大学学报（社会科学版）》1992年第4期，第105—111页。

的 8 种期刊上"被引证 3 次以上的文献定为教育学理论研究的基础文献"[①]，这个定义非常明确地将基础文献视为关键论文，在具体操作时将发表在相关期刊上被引 3 次以上的论文视为基础文献，然而文章的后续论述中又将著作列为基础文献，这说明该文作者在如何界定基础文献这一概念上尚不明晰。有一点可以明确的是，该文将被引频次与基础文献关联在一起，张小红（2001）也发表文章指出"基础文献是按照国际通用的测量方法根据公开发表的专业文献的引证频次来确定的"[②]。《数字图书馆研究：基础文献和先行探索者》（刘永胜、边志华，2003）一文，考察了 2000 年之前我国关于数字图书馆的研究论文，指出该文检索到的 260 篇论文"构成早期数字图书馆研究的文献群，它们不是数字领域研究成果的全部，但至少具有开创性贡献，它们为后来的研究提供了必要的前期准备"，进而将这些论文视为该研究领域的基础文献展开进一步的讨论[③]，该表述强调了基础文献为后续研究奠定知识基础的特征。

关于文献基础，目前也没有学者对其作出明确界定，对于其特征的认识在学术界形成了共识，即"文献基础贵在全"。例如赵立桢等（1997）指出："文献的覆盖面越大，连续性越强，检索到的情报可信度就越高，就能够正确评价查新课题或成果的水平和科学价值。因此，丰富的文献资料和良好的文献基础，是开展查新检索的前提和必要条件。"[④] 又如刘更生（2002）在《中医体征研究的文献基础》中提到："历代中医文献数量众多，内容丰富，其中蕴含有丰富的中医体征资料，

[①] 邢志强、姜惠莉：《我国 8 种教育期刊基础文献与核心著者分析》，《华东师范大学学报（教育科学版）》2000 年第 3 期，第 91—96 页。

[②] 张小红：《我国三种电化教育期刊的基础文献与核心著者探析》，《中国电化教育》2001 年第 12 期，第 16—19 页。

[③] 刘永胜、边志华：《数字图书馆研究：基础文献和先行探索者》2003 年第 S2 期，第 3—5 页。

[④] 赵立桢、王作成、付晓光：《试论查新检索的文献基础》，《农业图书情报学刊》1997 年第 4 期，第 9—10 页。

为我们今天研究中医体征奠定了坚实的文献基础。"[①]陈力丹（2015）在《新闻传播学科文献基础》一文中，逐类列举了世界早期新闻学文献、中国早期新闻学文献、现在较新的国际新闻学著作、中国新闻理论著作、中国流通的新闻传播史著作等共计十六类新闻传播学科的图书，既包含较早的文献也包含较新的文献。由此可知，学术界对基础文献的理解侧重于文献发表或出版时间早，文献对学科发展发挥开创和奠基作用；对于文献基础，学术界的关注点在于文献的全面性，即某学科或研究领域的所有相关文献，其涵括范围大于基础文献，既包含发表或出版时间较早的文献，也包含较新的文献。

通过考察包含文献基础和基础文献概念的论文可以发现，学术界人士所关注的文献类型以论文或图书等学术类文献为主，而较少考察法律法规、政策文件、报纸网络等其他类型文献。仅有少数人士关注到其他类型文献，例如谷蜀光（2007）在考察京剧研究的文献基础时，以较长的篇幅论及了报纸期刊、唱片录音、图像数据等文献类型的基本情况，这与京剧艺术自身存储形式的特殊性有关。除了纸质型文献之外，文献还包括微缩型文献、声像型文献和电子文献等，其中，电子文献又包括磁带、磁盘、光碟和网络文献等。本书所考察的文献基础，以纸质型文献为主，鉴于当前网络非常发达，越来越多的学者通过网络平台发表学术观点，本书还将网络资源纳入考察范围。由此，本书所指文献基础，既包含学术类文献，也包含法制规范与法务公文类文献和报纸网络等其他类型文献；既包含发表和出版时间较早的文献，也包含近期发表或出版的文献。这些文献对之后其他人士开展相关研究均能发挥一定的参考与借鉴作用。

[①] 刘更生：《中医体征研究的文献基础》，《山东中医药大学学报》2002年第3期，第175—176页。

三、文献及研究综述

（一）研究现状

随着新闻法制理论的发展和学术成果的逐渐增多，一些学者对该领域业已产出的文献有所梳理和研究，就笔者检索到的此类论文和著作情况来看，可从三个角度对它们加以分析：

一是按照研究内容的专指性程度划分，表现为专指性程度非常强、较强和较弱三种，如：相对于《改革开放以来中国大陆的新闻法学研究》（孙晓红，2009）一文，《中国新闻学十年研究综述（2001—2010）》（吴飞、吴妍，2011）中虽然也概述了新闻法制理论研究的情况，但其对新闻法制理论考察的专指性程度逊于前者，而《2005年新闻侵权研究综述》（朱秀凌，2006）一文是对新闻法制理论研究中新闻侵权这一具体主题的综述，其专指性比《改革开放以来中国大陆的新闻法学研究》（孙晓红，2009）这类就新闻法制理论总体研究情况所作的综述还要强。

二是按照研究内容涵盖的时间范围划分，主要有对某一年或两年的研究情况进行梳理和对较长时间跨度的研究情况进行分阶段论述两种情况，如《2003年度中国新闻与法治研究综述》（姜红，2004）一文和《关于新闻法学研究的思考——2004—2005年新闻法学研究综述》（林爱珺，2006）一文分别是对2003年度与2004年和2005年新闻法制理论研究情况的综述，而《中国新闻法学研究的回顾与前瞻》（魏永征，1999）则是对中国新闻法制理论研究从20世纪70年代末起步到1998年期间新闻法相关研究情况的分阶段论述。

三是按照使用的研究方法进行划分，已有研究所使用的方法主要有文献综述、内容分析、个案分析和文本分析等，其中文献综述法被使用得最多，只有少数研究采用了其他研究方法。如《1991—2006年新闻自由研究综述》（陈慧，2008）一文采用内容分析法对其考察阶段内有关新闻自由的研究成果进行了分析，《不能忘却的1978—1985年我国新闻传播学过刊》（陈力丹，2009）一书中的第十一章专门就《新闻法通讯》(中国社会科学院新闻研究所新闻法研究室,1984—1988年)进行了文本分析。

下面就上述三个角度对我国的新闻法制理论研究进行分类阐释:

第一,按照研究内容的专指性程度可将已有研究划分为三类。

一类是在探讨新闻传播事业发展状况时将新闻法制理论的研究成果作为其中的一部分加以考察,其对新闻法制理论的专指性程度较弱,相关著作主要有:《20世纪中国新闻学与传播学理论新闻学卷》(童兵、林涵,2001)、《中国新闻传播学说史1949—2005》(徐培汀,2006)、《不能忘却的1978—1985年我国新闻传播学过刊》(陈力丹,2009)等。研究论文主要有:《中国大陆传播研究的回顾与前瞻》(孙旭培,1994)、《近两年我国新闻传播学理论研究概况》(陈力丹,1998)、《去年以来我国新闻理论研究概述》(陈力丹,2002)、《2002年中国新闻传播学书籍出版概述》(陈力丹,2002)、《2003年中国新闻学研究回顾》(李良荣、王晓梅,2004)、《近年来我国新闻传播学研究概述》(陈力丹,2004)、《2002—2004年新闻学研究综述(上)》(吴飞、白林等,2005)、《2005年新闻传播学研究综述》(陈力丹、王辰瑶,2006)、《新闻学研究的微观走向——2005年我国新闻学研究综述》(陈天白、黄强强,2006)、《2005—2006年新闻学研究综述(上)》(吴飞、程怡等,2007)、《2007年中国新闻学研究回顾》(李良荣、李彩霞,2008)、《2008年中国新闻学研究回顾》(李良荣、周晓红,2009)、《2009年中国新闻学研究回顾》(李良荣、杨梅,2010)、《中国新闻学十年研究综述(2001—2010)》(吴飞、吴妍,2011)、《2012年度我国新闻传播学研究综述——基于9种CSSCI期刊的分析》(刘自雄、刘年辉等,2013)、《新闻传播学科发展的文献保障与实践基础》(陈力丹,2013)等,以及《中国新闻年鉴》中对每一年度新闻学研究情况的综述。

还有一类文献对新闻法制理论的专指性程度较强,即以全文的篇幅专门考察和梳理该领域研究状况的综述、评议性质的文章,相关文献主要有:《中国新闻法学研究的回顾与前瞻》(魏永征,1999)、《2001—

2002年的中国媒介法研究》(魏永征，2002)、《2003年度中国新闻与法治研究综述》(姜红，2004)、《关于新闻法学研究的思考——2004—2005年新闻法学研究综述》(林爱珺，2006)、《2005年中国传播法研究综述》(陈炜，2006)、《2007年新闻传播法研究综述》(黄瑚、杨朕宇，2008)、《改革开放以来中国大陆的新闻法学研究》(孙晓红，2009)、《2010年中国新闻传播法研究综述》(黄瑚、杨秀，2011)、《2000年以来中国新闻法治研究回顾——以2000—2010年〈国际新闻界〉〈法学家〉〈新闻大学〉〈中国法学〉为例》(李文竹，2010)、《2011年新闻传播法研究综述》(蔡斐，2012)、《2012年中国新闻传播法研究综述》(蔡斐，2013)、《2013年中国新闻传播法研究综述》(蔡斐，2014)等。

此外，还有一类文献专门针对新闻法制理论研究中的某一具体主题进行考察，其专指性程度非常强，例如，《1991—2006年新闻自由研究综述》(陈慧，2008)一文是对新闻法制理论研究中的新闻自由主题所作的综述，《我国新闻侵权诉讼及相关研究的现状综述》(张西明，2000)、《2004年新闻侵权研究综述》(林爱珺，2005)和《2005年新闻侵权研究综述》(朱秀凌，2006)三篇文章是对新闻侵权主题进行的考察，而《近年国内网络著作权侵权研究综述》(欧阳爱辉、谭泽林，2009)考察的内容则更加细致，专门考察了新闻侵权这一主题中网络著作权侵权研究的状况；《权利—权力制衡理论范式的形成——媒体与司法关系研究(1993—2009)述评》(胡菡菡，2009)则专门考察了我国媒体与司法关系研究的进展情况。前述这些文章对新闻法制理论已有学术成果进行梳理的聚焦点更加狭化、细化，与对新闻法制理论研究的总体情况进行的梳理相比，它们的专指性程度越来越强。同时，一些以新闻法制相关内容为研究对象的硕博学位论文的文献综述部分也应归于此类，如《知情权的法律保障》(林爱珺，2010)、《改革开放后中国大陆新闻立法研究平议》(杨一欣，2012)等文的文献综述。

第二，按照研究所涵盖的时间范围可将已有文献划分为两类。

一类是对某一年或两年的新闻法制理论研究情况进行回顾，该类文献所占的比例较大，主要有：《2001—2002年的中国媒介法研究》（魏永征，2002）、《2003年度中国新闻与法治研究综述》（姜红，2004）、《关于新闻法学研究的思考——2004—2005年新闻法学研究综述》（林爱珺，2006）、《2005年中国传播法研究综述》（陈炜，2006）、《2010年中国新闻传播法研究综述》（黄瑚、杨秀，2011）、《2011年新闻传播法研究综述》（蔡斐，2012）、《2012年中国新闻传播法研究综述》（蔡斐，2013）、《2013年中国新闻传播法研究综述》（蔡斐，2014）等，近年来逐渐形成一种趋势，即基本上每年都会有学者综述上一年度新闻法制理论的研究情况。

还有一类是对较长时间范围内中国新闻法制理论的研究情况所作的考察，主要有：《中国新闻法学研究的回顾与前瞻》（魏永征，1999）、《我国新闻侵权诉讼及相关研究的现状综述》（张西明，2000）、《中国新闻法治建设30年》（孙旭培，2008）、《改革开放以来中国大陆的新闻法学研究》（孙晓红，2009），该类文献重在探讨改革开放以来中国新闻法制理论研究之始到作者发表文章之时较长时间内相关研究的发展情况，大多是通过划分研究阶段的方式探讨不同时期该领域的学术关切和研究重点。另外，《1991—2006年新闻自由研究综述》（陈慧，2008）、《权利—权力制衡理论范式的形成——媒体与司法关系研究（1993—2009）述评》（胡菡菡，2009）、《2000年以来中国新闻法治研究回顾——以2000—2010年〈国际新闻界〉〈法学家〉〈新闻大学〉〈中国法学〉为例》（李文竹，2010）等，则是对某个时间范围内中国新闻法制理论研究成果进行的考察，选取的时间范围一般为十年左右。

第三，按照研究所使用的主要方法可将已有文献划分为三类。

一类是使用文献综述法，即基于研究者的专业判断，用文献综述的方式来梳理和描述某一时期新闻法制理论状况的文献，这类文章数量较多，题目多以"年份"和"研究综述"的字样加以标示，比较典型的有《2004年新闻侵权研究综述》（林爱珺，2005）、《关于新闻法学研究的思考——2004—2005年新闻法学研究综述》（林爱珺，2006）、《2005年新闻侵权研究综述》（朱秀凌，2006）、《2005年中国传播法研究综述》（陈炜，2006）、《1991—2006年新闻自由研究综述》（陈慧，2008）、《2007年新闻传播法研究综述》（黄瑚、杨朕宇，2008）等，除下文着重论述的使用了其他研究方法的著述之外，前文已列举的文献即使题目中未出现"研究综述"的字样，基本上也都是采用的这种方法。

另一类是使用内容分析方法对新闻法制研究内容进行分析的文献，主要有《1991—2006年新闻自由研究综述》（陈慧，2008）和《2012年度我国新闻传播学研究综述——基于9种CSSCI期刊的分析》（刘自雄、刘年辉等，2013）。其中，陈慧的文章使用内容分析的方法对新闻自由的研究范围、研究的地区分布以及不同年份研究的侧重点进行了分析，该文是探讨新闻法制理论状况的文献中为数不多的使用了内容分析方法的论文。刘自雄等人的文章并非专门探讨新闻法制理论的研究状况，其将"传媒与法治"列为新闻理论研究的热点话题之一，但并未详细加以论述，考虑到该文涵盖了新闻法制理论的些许内容，而且使用的方法也可为本书所借鉴，故在此对其作一介绍。

还有一类是综合使用个案研究和文本分析方法对新闻法制理论已有研究成果进行探讨的文献，主要是《不能忘却的1978—1985年我国新闻传播学过刊》（陈力丹，2009）一书。该书作者以现在不再出版、当时影响力较大作为标准，遴选出11种新闻传播学过刊进行了研究[①]。据笔者查阅，该书收录的11本期刊中有7本经常刊发有关新闻法制理论的文章，其中第十一章专门就《新闻法通讯》（中国社会科学院新闻研究所新闻法研究室编辑，1984—1988年）进行了文本分析，对该刊登载的104篇文章按名称、文章类型、探讨话题、篇幅字数和作者当时身份作了统计。此外，《外国新闻事业资料》（复旦大学新闻系，1978—1980年）、《新闻理论与实践》（甘肃省新闻研究所，1979—1995年）

[①] 陈力丹：《不能忘却的1978—1985年我国新闻传播学过刊》，北京：人民日报出版社2009年版，"写在前面"第1—3页。

等过刊也曾刊载有关新闻法制的理论文章，作者对它们作了详细分析。该书不仅为本书提供了研究方法上的借鉴，也为本书的撰写提供了丰富的历史文献资料。

综上可知，对中国新闻法制理论的学术成果进行探讨的已有文献所使用的研究方法有文献综述法、内容分析法、个案研究和文本分析法等，其中最频繁使用的是文献综述法，且多是就某一年或某几年的研究情况所作的综述。

（二）待拓展的研究空间

到目前为止，国内梳理和综述新闻法制理论文献资料的研究成果多为年度考察，对较长时间跨度内我国新闻法制理论发展状况的系统考察和述评之作不多，上文提及的《中国新闻法学研究的回顾与前瞻》（魏永征，1999）、《我国新闻侵权诉讼及相关研究的现状综述》（张西明，2000）等文章是对我国新闻法制理论研究之初至作者发表文章之时较长时期该领域发展状况的梳理，这些文章对初涉该领域的研究者较快形成对该领域的宏观了解具有很大的帮助作用。

值得注意的是，大部分新闻法制理论研究综述类的文章，都是将法务公文类文献和学术类文献的论述交织在一起论述，较少对两种类型及其他相关文献分别进行考察，且对不同类型文献之间的互动与对话关系未作专项而详细的分析。

此外，新闻法制理论研究的群体中，既有新闻传播领域的学者和业界人士，也有法律领域的学人和司法工作者，他们学术与职业背景各异，研究思路和治学风格也往往各具千秋，彼此之间有合作也有论争，这种跨学科的研究群体存在怎样的互动与对话关系，这种关系在拓宽新闻法制的视域和推动新闻法制研究的深入发展方面发挥着怎样的作用，现有的研究尚少有涉及，还有待更加系统的考察、理解和呈现。

四、研究范围与研究内容

（一）本书研究范围

1. 时空范围。本书考察的中国大陆有关新闻法制的各种文献资料，其文本生成的起止时间为 1978 年至 2014 年。

2. 资料范围。本书所考察的资料范围主要包含三种类型：一类是法律法规、政策文件、议案提案、领导人讲话等各类有关新闻法制的文献资料，文本中将此类文献简称为法务公文类文献；另一类是以期刊论文和专著为主的学术类文献，包括所有新闻法制相关的专著、丛书、论文、会议论文集等；还有一类是报纸和网络资源等文献。

3. 内容范围。本书只考察与新闻法制活动相关的文献，对于广播、电视、互联网等更为广泛的传播行为暂不考察，新闻活动与广告、著作权等关联的部分也未纳入本书的考察范围。

（二）本书研究内容

除绪论和结语部分，本书的主体内容共包含三章：

第一章在对法务公文类文献、学术类文献、其他类型文献概况进行梳理的基础上，对新闻法制研究高被引论文中的参考文献进行分析，总结上述各类文献在新闻法制研究学术成果中被吸收利用的状况。

第二章对学术类文献中新闻法制研究主题的分布状况进行考察，以对期刊论文中的新闻法制研究主题进行内容分析为主，并辅以对专著和研究综述文章中新闻法制主题的考察，探析在不同学术类文献中呈现出来的新闻法制研究主题的特点及其分布特征。

第三章是从研究主体及研究方法两个方面，对新闻法制理论文献的互动状况进行考察。鉴于新闻法制理论研究主体由不同学术背景和职业背景的人士共同构成，该部分分析了具有不同背景的学者、专家在从事相同领域研究时的合作、论争以及学术交流与讨论的情况；鉴于新闻法制理论的文献基础主要由不同类型的文献构成，该部分以学术类文献为中心，探讨了使用不同研究方法产出的学术成果在调用法务公文类文献和其他类型文献时的特征。

五、研究思路与方法

（一）研究思路

本书研究 1978 年至 2014 年中国大陆有关新闻法制理论的已有文献基础状况。首先，综合考察作为我国新闻法制理论研究文献基础的法务公文类文献、学术类文献，以及其他类型文献的基本概况；其次，通过期刊论文、专著以及文献综述透视我国新闻法制研究的主题状况；再次，从研究主体和研究方法两个方面考察新闻法制理论相关文献与新闻法制实践的互动和交流情况。

（二）研究方法

本书使用了文献分析、引文分析和内容分析的研究方法。

其一，文献分析法用于考察我国新闻法制研究文献的主要类型以及学术类文献中囊括的新闻法制研究主题的基本状况。本书所依据的并非线性的时间思维，而是侧重于横向考察，即在分析不同文献类型的基础上，重点通过期刊论文、专著和文献综述分析新闻法制各类研究主题的情况。除了部分章节具体交代了文献样本来源之外，本书大部分章节的文献来源不局限于某些期刊或著作，中国学术期刊网上的论文、报纸文章、网络文章、会议记录、法律法规文件、领导人讲话等都是本书的研究对象。

其二，引文分析法主要用于考察我国新闻法制理论研究的学者、专家在从事相关研究时所依凭的主要学术资源的特征及其不同背景之间研究人士的科研合作、论争和交流的状况。本书将高被引论文（被引次数在19次及以上的103篇论文）作为进行引文分析的样本，重点考察高被引论文的参考文献类型，借此了解我国学术类文献的产出及其与其他类型文献的互动状况。

其三，内容分析法主要用于分析我国新闻法制研究的期刊论文中研究主题的基本状况。本书选取了发表高被引论文最多的10本期刊作为样本来源，并在借鉴学术界对新闻法制研究主题已有的分类方式的基础上，结合样本论文本身的研究主题进行编码并作进一步的具体分析。

六、研究的创新点与难点

（一）研究的创新点

本书尝试在既有研究的基础上，于以下两个方面有所拓展和探索：

一是研究视角，本书按照法务公文类文献、学术类文献和其他类型文献的分类方式概述了新闻法制理论的文献基础，并通过专门的章节考察了这几种类型文献之间的互动与对话关系。本书还尝试分析了新闻传播学学者和法学学者、学术界和实务界人士等具有不同学术背景和职业背景的学者、专家在新闻法制理论研究的产出文本中所呈现的合作、争议以及交流讨论的基本状况。

二是研究方法，本书使用了文献分析、引文分析和内容分析的研究方法，其中文献分析法用于考察我国不同类型的新闻法制理论文献并通过学术类文献分析了新闻法制研究的主题状况；引文分析法主要并基于学术类文献分析了各种类型文献的被引用的状况；内容分析法主要用于考察新闻法制研究期刊论文中新闻法制研究主题呈现的具体特征。

（二）研究的难点

创新的同时往往伴随着各种困难，因此，与本研究的创新点同时存在的还有研究的难点，研究难点也表现在两个方面。

一是文献资料获取的有限性。20世纪90年代中后期中国开始规范期刊和期刊内容上网，而在此之前的一些期刊或是以书代刊，或是公开订阅的内部资料，这些资料具有重要的史料价值，但是查找起来有一定难度。一些课题和项目的研究报告、会议论文、硕博论文等，也不易搜集。此外，尚未有人对历年有关新闻法制的议案、提案等文献资料进行专门的整理，这部分文献的收集也较为困难。

二是研究方法的实际应用。本书希望通过引文分析的方法考察两类不同学术和职业背景的学者、专家在从事相关研究时所依凭的主要学术资源的异同及其两类学术群体之间在文献方面的相互引用情况，但是一些公开发表的学术文章在引文的注释方面存在不规范的现象，如有些参考文献在标注时仅仅标明了引文的来源期刊和年份，或者只标明了网址，而缺少引文的作者、题目等信息，这并非个别情况，如何处理和弥补这类引文信息的缺漏，较难找到周全而有效的补偿技术和追溯方法；还有一些文章虽然在行文中参考了他人的观点或援引了相关文件的内容，但是并未在参考文献或注释中加以标注，逐篇阅读并摘录行文中的引文因工作量超出笔者的承载能力而难以实施，而这部分引用文献的阙如无疑会影响本项考察的完整性和结论的精准性。

第一章　我国新闻法制理论的文献基础类型

对新闻法制理论的文献基础加以考察,首先要做的是明确新闻法制理论发展过程中产出了哪些文献资料,这些资料是支撑我国新闻法制理论进一步深化发展的文献基础。本章在按照法务公文类文献、学术类文献和其他类型文献的分类方式对我国新闻法制理论文献的类型加以概述的基础上,通过选取1978年至2014年我国新闻法制研究高被引期刊论文中引用的参考文献进行分析,由此来探视我国新闻法制研究成果对各种类型文献的吸收利用程度及其相关特征。

第一节　新闻法制理论的文献基础类型概述

文献类型是人们按照文献的属性对文献所作的分类[①],也被理解为构成文献基本要素中的任何一个相同要素事物的集合,如相同的载体材料或相同的记录方式等,根据各种要素事物的集合可以归纳出多种文献类

---

① 吴慰慈:《文献类型和特点概析》,《图书与情报》1990年第4期,第52—55页。

型。伴随社会的发展，文献类型不断发展变化并具有了多样化的特征[①]。

学术界根据研究需要从多个角度对文献类型进行了归纳，例如：依据文献的知识内容进行划分，主要包括哲学文献、数学文献、社会科学文献、自然科学文献和思维科学文献，以及它们的下属分支学科文献；依据文献生产者的写作方法、研究手段以及研究内容的歧异划分，主要包括信息广告文献、现象描述文献、文艺想象文献、经验知识文献、法规标准文献和理论标准文献[②]。

具体到某个学科，基于学科自身的特点又有不同的文献类型划分标准，例如在社会科学领域，依据文献的编撰方法和出版形式，文献类型被划分为图书、期刊、研究报告、专利文献、科技报告、学位论文、会议文献、标准文献、科技档案、产品技术资料、政府出版物、报纸、声像资料、电子出版物、网络出版物等[③]；依据文献的内容性质划分，又可分为学术类文献和实践类文献，前者表现为学者的科研成果，后者表现为法律法规、政府工作报告、政策文件等[④]。

上述各种文献类型的划分均是以文献的要素特征和归纳者自身的实际需要为导向，不同划分方式之间并无优劣之分。需要注意的是，各类文献之间存在着内在联系，基于同一种标准划分的不同类型的文献，它们之间也可能存在某些联系和交叉，而非完全分离，无法也没有必要做到绝对细致的区分。以学术类文献和实践类文献为例，虽然两类文献的内容性质不同，但是在学术研究中两者都是支撑学者相关论述的文献来

---

① 黄宗忠：《论文献类型的变革及其对文献资源建设的影响》，《武汉大学学报（社会科学版）》1992年第4期，第105—111页。

② 于心裁：《社会科学文献类型、特点与用户需求研究》，《图书情报工作》1994年第5期，第11—15页。

③ 陈萍秀、时雪峰、刘艳磊：《科技文献信息检索与利用》，北京：清华大学出版社2005年版，第1—2页；转引自卫军朝、蔚海燕：《基于不同文献类型的知识演化研究》，《情报科学》2011年第11期，第1742—1746页。

④ 周义程：《社会科学类学术论文：评价标准、写作步骤及要领》，《社会科学管理与评论》2013年第4期，第32—42页。

源，学术界著述分析文献类型时，一般也不会刻意做出这样的区分。

在社会科学领域，随着引文分析方法的广泛使用，学术界开始对期刊论文的引文特征进行分析，其中，归纳引文类型是最为基础和相对重要的步骤。

张静（2008）对人文社科期刊中被引参考文献的类型作了如下归纳：专著，包括教材；报刊，包括报纸和期刊；会议记录；论文集；科研报告，包括调查报告、研究报告、发展报告、发掘报告；学位论文；技术标准、法规；手稿；参考工具，包括年鉴、年度发展报告、指南、百科全书、统计资料、字典、辞典、年谱、年表、大事记、目录、文摘、索引、题录；档案、通知、文件；图表；古籍；资料、史料；电子出版物及网络文献等[1]。然而，尽管这种划分方式非常全面，但是在已有的著述中很少见到有学者真正做到这么细致地区分文献类型。

目前学术界采用较多的是中国社会科学引文索引（CSSCI）数据库的文献类型划分方式。首先，为了考察人文社会科学研究者的阅读习惯和分析他们研究资料的来源，CSSCI将被引文献的类型分为十二类，即期刊论文、图书、汇编文献、报纸文章、会议论文、报告文献、法规文献、学位论文、信函、标准文献、网络资源和其他[2]，例如段京肃等（2006、2008）[3]、白云（2007）[4]、胡翼青（2013）[5]等学者的相关研究在对引文类型

---

[1] 张静：《人文社科期刊中的引文现象分析》，《社会科学管理与评论》2008年第2期，第18—22页。

[2] 苏新宁：《中国人文社会科学学术影响力报告（2000—2004）》，北京：中国社会科学出版社2007年版，第8页。

[3] 段京肃、白云：《新闻学与传播学学者、学术机构和地区学术影响研究报告（2000—2004）——基于CSSCI的分析》，《现代传播》2006年第6期，第25—43页；段京肃：《中国新闻学与传播学研究概况分析——基于CSSCI分析》，《重庆大学学报（社会科学版）》2008年第5期，第79—87页。

[4] 白云：《基于CSSCI 2004—2006年新闻学与传播学学术论文及引文的分析》，《新闻界》2007年第4期，第7—10页。

[5] 胡翼青：《中国新闻传播研究主体知识地图——基于CSSCI图书引文的分析》，《中国出版》2013年第19期，第46—51页。

进行统计时均采用了这种划分方式。其次，为了分析各个学科学者的主要研究方式，CSSCI还把文章类型分成了七种，即研究论文、综述、评论、传记资料、报告、译文和其他[①]。可以说，CSSCI数据库对文献类型的划分方式在一定程度上为社会科学领域的相关研究提供了较为统一的文献类型划分标准。

参考当前学术界普遍采用的文献类型划分方式，再结合本书所考察新闻法制理论文献的具体特征，本书将新闻法制理论文献划分为三种类型，即法务公文类文献、学术类文献和其他类型文献。其中，法务公文类文献主要包括两类，一类是与新闻活动相关的法律法规、政策文件、裁判文书等通过正式程序制定或拟定的具有较强规范性的文件，一类是与新闻活动相关的领导人讲话、提案议案等规范性相对较弱的文献资料；学术类文献是指新闻法制研究者的科研成果，主要包含图书和论文；其他类型文献是指法务公文类文献和学术类文献之外的其他所有文献类型，如报纸文章和网络资料。

一、法务公文类文献

法务公文类文献是开展新闻法制研究所依凭的重要文献。与新闻传播学中的新闻史论、新闻实务等研究领域相比，新闻法制研究同此类文献的联系更为紧密；与科研成果等学术类文献相比，新闻法制研究的新闻传播学与法学交叉学科特征和推动中国新闻法制建设的最终追求，使得此类文献成为新闻法制学术类文献实证考辨和立论下判所必须依凭和参考的基础性文献。

[①] 苏新宁：《中国人文社会科学学术影响力报告（2000—2004）》，北京：中国社会科学出版社2007年版，第7页。

（一）规范新闻活动的法律法规

规范新闻活动的法律法规，是指我国现行的宪法、法律、行政法规、地方性法规、自治条例和单行条例、部门规章中关涉新闻传播活动、各类新闻媒体及其从业者权利、义务关系的规定。我国目前没有制定法律层级的单行新闻法，这类文献的内容散布于已有宪法、法律、行政法规、地方性法规、自制条例和单行条例、部门规章之中，具有分布范围广、多效力层级和涉及多个法律部门的特征，新闻活动中的大多数问题都能从中找到相应的规定。据《中国法治年度报告（2014）》披露，截至 2014 年 12 月底，中国除现行宪法外，已制定现行有效法律共 242 件，行政法规 739 件[1]，其中许多法律、法规的规定同新闻活动密切相关，有的法律或法规中的某些条款还专门就新闻活动的某些事项作出规定，如民法领域与新闻媒体侵权涉讼裁判关系最为密切的四件司法解释，即《关于审理名誉权案件若干问题的解答》（1993）、《关于审理名誉权案件若干问题的解释》（1998）、《关于确定民事侵权精神损害赔偿责任若干问题的解释》（2001）和《关于审理利用信息网络侵害人身权益民事纠纷案件适用法律若干问题的规定》（2014 年），其中的主要内容都是新闻报道法制规范的重要内容[2]。这些规定和条款不仅能对新闻实践活动起到规范作用，还是学术界探讨新闻法制问题时所参考的权威性和规范性最强的文献资源。

（二）规范新闻活动的政策文件

规范新闻活动的政策文件，是指中共中央或中共中央宣传部为规范和指导党的新闻事业制定的方针政策，即党的新闻政策。与规范新闻活动的法律法规相比，共产党制定的新闻政策具有灵活性和随机性的特征，一些重要的政策还为相关法律的制定提供一定的先导性指引，其对新闻

---

[1]《中国法治建设年度报告（2014）》，《民主与法制时报》2015 年 7 月 16 日第 5 版。
[2] 魏永征：《新闻传播法学教程》，北京：中国人民大学出版社 2013 年版，第 6—7 页。

活动的规范和调整作用是不容忽视的[1]。这类文献主要包含三类，一类是对新闻报道作出一定规定的文件，如中共中央宣传部发布的一些文件就媒体应该报道哪些问题，不应该发布哪些问题，以及某些问题应该主要从哪些方面加以报道等作出的规定；另一类是对新闻工作者队伍建设作出规定的文件，主要指中共中央宣传部发布的关于增强媒体从业人员自律、禁止有偿新闻，以及不能以新闻报道的形式发布广告、新闻报道必须与经营活动严格分开等方面作出的规定；还有一类是对新闻媒体整顿和建设作出的规定，主要指中央有关部门就新闻事业发展过程中出现的违纪违规现象作出的规定[2]。该类文献的权威性和规范性也都非常强，是新闻法制研究所需参考的重要文献资料。

（三）党和国家领导人指导新闻工作的讲话

党和国家领导人指导新闻工作的讲话，是指党和国家领导人针对如何正确开展新闻宣传工作所作的指示或提出的建议。我国历届党和国家领导人都非常重视和关心新闻工作，并发表了很多对新闻工作具有较强指导意义的讲话，例如：1985 年 2 月胡耀邦在中央书记处会议上作题为《关于党的新闻工作》的报告，提出新闻工作要做到"上情下达、下情上达"，新闻媒体要"八分讲成绩，二分讲缺点"[3]；1989 年 11 月江泽民和李瑞环在中宣部举办的新闻工作研讨班上发表的讲话提出了把握正确的舆论导向和正面宣传为主的方针[4]；1994 年 1 月江泽民在全国宣传部长

---

[1] 魏永征：《新闻传播法学教程》，北京：中国人民大学出版社 2013 年版，第 11 页。
[2] 孙旭培：《中国新闻法治建设 30 年》，《新闻学论集（第 21 辑）》2008 年 12 月 8 日，第 154—167 页。
[3] 胡耀邦：《关于党的新闻工作（1985 年 2 月 8 日在中央书记处会议上的发言）》，《新闻战线》1985 年第 5 期，第 2—11 页。
[4] 江泽民：《关于党的新闻工作的几个问题》，1989 年 11 月 28 日，新华网（http://news.xinhuanet.com/ziliao/2005-02/21/content_2600239.htm），2013 年 4 月 19 日查阅；李瑞环：《坚持正面宣传为主的方针——在新闻工作研讨班上的讲话》，《新闻通讯》1990 年第 3 期，第 10—26 页。

会议上提出"以科学的理论武装人、以正确的舆论引导人、以高尚的精神塑造人、以优秀的作品鼓舞人"[1]；2008年6月胡锦涛在视察人民日报社时的讲话中提出"尊重新闻传播规律""统筹国内国际两个方面""把提高舆论引导能力放在突出位置"[2]；2013年8月习近平在全国宣传思想工作会议上发表讲话强调："宣传思想工作一定要把围绕中心、服务大局作为基本职责，胸怀大局、把握大势、着眼大事，找准工作切入点和着力点，做到因势而谋、应势而动、顺势而为"[3]；2014年8月习近平主持召开中央全面深化改革领导小组第四次会议时发表讲话指出："推动传统媒体和新兴媒体融合发展，要遵循新闻传播规律和新兴媒体发展规律"[4]等，这些讲话内容都是新闻从业者所应遵循的重要原则，同时对新闻法制研究的深入开展也具有较强的指导作用，是学术界从事新闻法制研究时经常参考与引用的文献资源。

（四）新闻法制相关的裁判文书和案例

裁判文书，是指法院依据三大诉讼法以及其他法律、法规和司法解释所规定的程序，在审理行政、民事、刑事案件时，就案件的程序问题或实体问题做出处理决定时制作的具有法律效力的文书总称[5]。2014年《最高人民法院关于人民法院在互联网公布裁判文书的规定》正式实施，设立了中国裁判文书网以统一发布各级人民法院的生效裁判文书。案例，

---

[1]《以科学的理论武装人、以正确的舆论引导人、以高尚的精神塑造人、以优秀的作品鼓舞人——江泽民同志在全国宣传思想工作会议上的讲话内容摘要》，1994年《党建》第Z1期，第3—5页。

[2]《胡锦涛在人民日报社考察工作时的讲话》，2008年6月26日，新华网（http://news.xinhuanet.com/politics/2008-06/26/content_8442547.htm），2013年4月10日查阅。

[3]《习近平在全国宣传思想工作会议上发表重要讲话》，2013年8月20日，新华网（http://news.xinhuanet.com/photo/2013-08/20/c_125211184.htm），2014年4月18日查阅。

[4]《习近平主持中央全面深化改革领导小组第四次会议》，2014年8月18日，中国新闻网（http://www.chinanews.com/gn/2014/08-18/6504628.shtml），2014年8月20日查阅。

[5] 沈志先：《裁判文书制作》，北京：法律出版社2010年版，第107页。

是指经过人民法院审判做出的各种生效判决，发布指导性案例是最高人民法院公开裁判文书的一种常规形式。2010年最高人民法院印发《关于案例指导工作的规定》，标志着中国特色案例指导制度初步形成，并于2011年《最高人民法院公报》刊登了第一批指导性案例。最高人民法院依据《裁判文书公布管理办法》公布的裁判文书和我国最高人民法院公报刊载的案例具有很强的权威性，已经对我国的法律诉讼和法学研究产生了实际影响[1]。其中，涉及新闻传播活动领域的裁判文书和法院公报案例还是从事新闻法制研究的学者开展学术研究时可以参照、分析的重要实践性文献资源。此外，中共中央宣传部、国家新闻出版广电总局（国家版权局）[2]等党和国家的新闻事业管理机构在对新闻传播行为实施管理时，也会通报一系列有关新闻活动的违法违规案件的查处情况，对规范新闻传播秩序具有较大价值，也为新闻法制研究提供了较为权威的案例文献。

（五）新闻法制相关的议案提案

议案一般是全国人大议案的简称，指全国人大主席团、全国人大常委会、全国人大各专门委员会、国务院、中央军事委员会、最高人民法院、最高人民检察院、一个代表团或者三十名以上的代表联名，向全国人大提出的属于全国人大职权范围内的议事原案[3]。提案，是指政协委员和参加政协的各党派、人民团体以及政协专门委员会，向政协全体会议或者常务委员会会议提出的、经提案审查委员会或者提案委员会审查立案后，交承办单位办理的书面意见和建议[4]。各级人大代表和政协委员在

---

[1] 赵正群：《行政判例研究》，《法学研究》2003年第1期，第107—117页。
[2] 2013年3月14日，全国人大十二届一次全体会议上通过决议批准国务院组建"国家新闻出版广电总局"，不再保留国家广播电影电视总局、国家新闻出版总署。
[3] 殷泓：《啥是议案？》，《光明日报》2015年3月5日第5版。
[4] 《什么是政协提案？》，2011年9月24日，中国人民政治协商会议全国委员会（http://www.cppcc.gov.cn/2011/09/24/ARTI1316833866233300.shtml），2013年12月10日查阅。

"两会"（全国人民代表大会和中国人民政治协商会议）期间就大众传媒议题表达的利益诉求和建言主张，很多都包含对新闻法制相关问题的思考，例如：1980年全国五届人大和五届政协三次会议的分组会上，赵超构代表、李子诵委员、李纯青委员、苏新委员等部分人大代表和政协委员就新闻立法问题作了口头发言①；1983年全国六届人大一次会议上，黑龙江代表王化成和王士贞以及湖北代表纪卓如就关于迅速制定新闻法提交了书面建议②。可以讲，历年两会关于新闻法制问题的议案和提案是新闻学界、法学界以及新闻实务界和法学实务界人士对我国新闻法制状况充分思考和探讨的结晶，能够在很大程度上反映民众对相关问题的诉求和愿望。相关议案和提案的数量变化以及侧重的新闻法制不同主题方面的差异，都是对各界人士关心和探讨新闻法制议题现状的映照，与之相应，各界代表和委员的主张和言论也是新闻法制研究可资借鉴的重要文献资料。

二、学术类文献

新闻法制理论的学术类文献，是指新闻法制研究者的科研成果，主要有图书和论文。与法务公文类文献的权威性特征相比，该类文献是学术界展开新闻法制研究过程中生成的文献资料，学术性和理论思辨性较强，包含观点多元化且具有逐渐趋向于成熟和稳定的特征。

（一）关于新闻法制研究的图书

图书是以传播知识为目的而用文字或图片记录于一定形式的材料之

---

①《在全国五届人大和政协三次会议分组会上部分代表、委员有关新闻立法的发言》，《新闻法通讯》第1期，第6页。
②《在六届人大一次会议上，黑龙江和湖北代表关于迅速制定新闻法的书面建议》，《新闻法通讯》第1期，第5页。

上的著作物[1],人类用于表达思想、积累经验、保存与传播知识的重要工具之一,也是科学研究的重要学术资源[2]。在具体分析图书文献时,有学者将社会科学图书划分为领袖著作、历史文献、工具书、国外学术著作和国内学术著作等五类[3]。

本书探讨的新闻法制研究图书是指以新闻法制作为主要研究对象的著作物,鉴于新闻法制研究对法律法规倚重程度较强,将图书划分为专著、教材、译著、汇编和其他类型图书五类。其中,汇编是指新闻传播法律法规的汇编类出版物,将之列入学术类文献,是因为法律汇编并非简单地把法律法规打包堆砌,而是融入了汇编者的某种理念和智力劳动[4],这类文献除了可以促进立法工作科学化之外,还兼具为研究者提供参考资料的功能。其他类型文献包含领袖著作、历史文献和工具书等。

1. 专著

专著是对社会科学、自然科学的某一学科、某一知识领域,从理论上作较专门、系统地分析、研究的图书[5]。新闻法制研究专著是从事新闻法制研究的学者通过多年的学术思索和积累,对新闻法制发展的综合情况或某一方面所作的系统性总结和创作。除去在一些新闻学专著中设有专门的章节探讨新闻法制相关议题外,1978年至2014年我国出版的专门探讨新闻法制相关议题的专著已有200本左右,对我国新闻法制研究各个主题的内容均有了一定数量的积累。通过考察我国已有的新闻法制研究专著,既可以梳理出我国学者在研究新闻法制方面所呈现的主要思考路径,还能为之后的学者从事相关研究提供丰富的参考资料。

---

[1] 刘国钧:《中国书史简编》,北京:书目文献出版社1982年版,第2页。
[2] 丁翼:《法学图书学术影响力分析(国内学术著作)》,《东岳论丛》2009年第11期,第49—56页。
[3] 胡红亮:《学术著作可信度评价研究》,博士学位论文,武汉大学,2013年,第50页。
[4] 中国方正出版社:《新闻出版实用核心法规》,北京:中国方正出版社2003年版,编辑说明第1页。
[5] 许力以:《中国出版百科全书》,太原:书海出版社1997年版;转引自马俊、王静:《试析学术专著出版的意义、困难与措施》,《传播与版权》2013年第6期,第52—53页。

2. 教材

教材是用于教学目的的图书，能最大程度地体现出学科主流学术意识形态的规训[①]，是对新闻教育质量的高低起决定作用的主要因素之一[②]。国家教育部早在20世纪90年代就将新闻道德和法制列为一门必修课，为适应教学需求，我国相继出版多本新闻法制教材，截至2014年我国已有新闻法制教材30本左右，其中最具代表性的是魏永征的《新闻传播法教程》，该书第一版出版于2002年3月，并于2006年11月、2010年7月和2013年4月相继出版至第四版，每版都随着国家法制建设和新闻传播法制研究工作的发展进行相应的更新。目前我国除了以新闻法制综合情况作为考察对象的教材之外，以新闻法制某个主题作为探讨对象的教材数量也在不断增多，如关于新闻法制案例解读等方面的教材。该趋势既反映了我国新闻法制教学工作正在朝着多元化和全面化的方向发展，还说明可供我国研读新闻法制学业的学生和其他研究者获取系统新闻法制知识的参考资料越来越丰富。

3. 译著

译著是指将作品从一种语言文字转换成另一种语言文字而产生的新作品。近年来国外新闻法制研究著作的中文译本已有10本左右，为我国学者借鉴国外新闻法制研究的优秀成果提供了有益帮助。其中，有关美国大众传播法判例研究的译著就有3本，这体现了我国学者对新闻法制判例、案例研究的关注倾向。与此同时，还有5本影印版的国外新闻法制研究书目在我国出版，它们能够帮助我国学者对照译著进行查阅，以达到更加深入体会国外新闻法制研究成果的特征及其精髓的目的。

4. 汇编

汇编即汇编类出版物，是汇编者通过某种理念将相关的法律法规按

[①] 胡翼青:《中国新闻传播研究主体知识地图：基于CSSCI图书引文的分析》,《中国出版》2013年第19期，第46—51页。

[②] 方汉奇:《"21世纪新闻传播学系列教材"总序》,魏永征:《新闻传播法教程》,北京：中国人民大学出版社2013年版，第1—3页。

照一定的规则进行集中编排出版的图书。本书所讲汇编主要是新闻法制汇编类图书，它们是我国新闻法制建设的重要文本载体，也是新闻法制理论研究的重要文献资源。改革开放以来，我国内地公开或内部发行的各种新闻法制汇编类图书已积累至相当的数量，据初步统计，已有近50余种，共计120余册[①]。这类图书不仅对有关新闻活动的立法、执法及守法等行为发挥相应的规范和指导作用，同时还能为我国致力于新闻法制研究的学者从事相关学术研究提供文献资料上的支撑与借鉴。

（二）关于新闻法制研究的学术论文

学术论文，是指某一学术课题在实验性、理论性或观测性上具有新的科学研究成果或创新见解和知识的科学记录；或是某种已知原理应用于实际中取得新进展的科学总结，用以提供在学术会议上宣读、交流或讨论；或在学术刊物上发表；或作其他用途的书面文件[②]。学术论文以报道新的学术研究成果为主要内容，其研究的论题较为具体，更新速度快，更能够反映学科知识的发展与前沿动态。伴随新闻法制研究的深入发展，我国学者已经产出了大量相关的学术论文，为之后的学者开展相关研究提供了丰富的参考资源，这些学术论文可以更细化地划分为期刊论文、会议论文、学位论文和书目论文。

1. 期刊论文

期刊论文是学者公开发表在学术期刊上的理论性较强的文章，一般而言，社会科学研究中取得的新成果总是先以期刊论文的形式发表，学术期刊也因此成为科学研究最重要的信息源和科研成果最重要的传播载体。新闻法制研究的论文以发表在新闻传播学专业期刊的居多，其次是

[①] 本书将续编、再版或连续出版的相关出版物视作一种，例如将广播电影电视部政策研究室编辑的《各国广播电视法选辑》(1988)和《各国广播电影电视法规选辑第二辑》(1994)视作一种媒介法汇编，计为二册。

[②] 国家技术监督局：《GB7713—87 科学技术报告、学位论文和学术论文的编写格式》，1987年5月。

法学专业期刊和高校学报等综合性学术期刊。一些新闻传播学专业期刊以设置专栏的方式集中发表有关新闻法制研究的论文，如《新闻战线》杂志于 1988 年第 10 期设立"新闻立法自由谈"专栏，《新闻记者》杂志于 1989 年第 4 期开辟了"新闻立法笔谈"专栏，也有学者通过在新闻传播学专业期刊开设专栏的方式连续发文探讨新闻法制的相关议题与事例。

2. 会议论文

会议论文，是指提交学术会议或在学术会议公开宣读的论文，一般的学术会议会正式出版会议论文集，还有一些会议综述类的论文将与会人士的观点加以汇集报告，有些会议论文在后期还会发展为期刊论文。新闻法制研究的学术会议为来自新闻传播界与法律界的学者及实务从业者提供了传播和讨论研究成果的平台，在促进各界人士展开学术交流方面起着举足轻重的作用。相对于其他文献类型而言，目前我国正式出版的新闻法制相关的会议论文集数量较少，笔者检索到的仅有 10 余本，而发表在期刊上的新闻法制会议综述文章在介绍和传播与会者所表述的思想方面发挥的作用更大，为之后的学者查考新闻法制会议上的思想交流或观点表达提供了重要的参考资料。

3. 学位论文

学位论文是攻读硕士学位或博士学位的研究生在提出申请授予硕士或博士学位时提供评审用的学术论文。学位论文是研究生借助培养单位的资源优势和导师的科研优势，通过 3 年左右的认真学习和潜心研究完成的具有一定学术价值的核心成果，该成果不仅能够展现研究生自身的科研能力，也反映了其导师及培养机构的科研水平[1]。新闻法制相关的学位论文在推进我国新闻法制研究方面发挥了重要作用，其中一些还以图书形式出版，如黄瑚的博士论文《中国近代新闻法制史论》（1999）就整理成书出版，成为我国最早的一本研究中国新闻法制史的

---

[1] 杨奕虹、甘大广、林霄剑、武夷山：《我国博士学位论文被引状况计量分析》，《情报杂志》2015 年第 1 期，第 100—115 页。

著作[①]，为之后学者开展新闻法制史论研究提供了研究思路和研究资料方面的借鉴。

4. 书目论文

书目论文是指"主编"的图书中收录的论文。这类"主编"的图书不同于主编套书与"一个人或数个人主编而一群人参与写作的图书"，而是由一个人或几个人主编，图书内容是根据不同研究主题分别收录和汇集的多篇独立论文，这类文献与会议论文集的形式有相似之处，学术界在引用时均是引用书目中某个作者的某篇文章，而非将书目整体作为引用对象，本书将这类论文统称为"书目论文"。一些被收录在该类主编图书中的新闻法制研究论文，构成了可供新闻法制研究学者参考的又一种新形式的文献资源。

三、其他类型文献

其他类型文献是指未纳入法务公文类文献和学术类文献的其他所有文献类型，主要包括报纸文章和网络资源，还有公司报告、未经发表的理论文章等。该类文献中的很多文本与前述两类文献有着密切联系和交叉。以报纸文章为例，这类文章无法明确地被归入新闻法制规范与法务公文文献或学术类文献，其中，学者发表在专业报纸上的理论文章无疑应被归入学术类文献，如：《批评报道与新闻侵权之思考》（党晓学，《中华新闻报》2000年7月17日）等，而综合报纸或专业报纸上刊载的一些新闻性稿件或发布的重要文件（如相关法规、政策报告、领导人讲话等）也是新闻法制理论文献基础的重要组成部分，这一类报纸文章则应被归入法务公文类文献类，为了简化对这部分内容的甄别过程，本书将报纸文章统一归入其他类型文献。与此相似，一些学者在博客上发表的

---

① 丁淦林，《中国近代新闻法制史论序》，黄瑚：《中国近代新闻法制史论》，上海：复旦大学出版社1999年版，第1页。

优质理论性文章属于网络资源而被归入新闻法制理论的其他类型文献，但就其文本特征而言可能更同质于学术类文献，而且随着网络的发展，越来越多的学术观点将通过网络渠道首发，鉴于检索和归纳的成本限制，本书对此也不作具体区分。

第二节 我国新闻法制研究高被引期刊论文的引文类型分析

引证作为一项重要的科学文献指标，一方面反映了科学文献的发展基础，另一方面又通过标准量化的科学文献规范为后来研究者提供了创新扩散的传播便利。基于此，引文分析作为一项重要的学术评价工具迅速发展起来。美国情报学家加菲尔德于1955年创立了系统的引文索引理论[1]，1972年他又把引文索引工具引入到期刊评价[2]，从而为客观评价作者、期刊、论文这3个最重要的科学研究要素找到了一种合适的研究工具。

在国内新闻传播学和法学专业领域，均有学者采用该方法对相应学科发表论文的特征和趋势加以分析，分析样本主要来源于CNKI和CSSCI两个数据库。

新闻传播学专业领域的相关研究，如《中国新闻与传播学科核心作者群的现状与分析》（2005）一文，设计了评价作者学术力的量化指标，

---

[1] Garfied E. Citation Index for Science, Science, 1955, 122: 108—111；转引自徐剑：《中国新闻传播学高被引论文分析——基于CSSCI、CNKI两个主流引文数据库的研究》，《上海交通大学学报（哲学社会科学版）》2009年第1期，第63—70页。

[2] Garfied E. Citation Analysis as a Tool in Journal Evaluation, Science, 1972, 178: 471—479；转引自徐剑：《中国新闻传播学高被引论文分析——基于CSSCI、CNKI两个主流引文数据库的研究》，《上海交通大学学报（哲学社会科学版）》2009年第1期，第63—70页。

并基于CSSCI数据库的相关数据找出了中国新闻传播学领域的核心作者群;《期刊论文引文中的中国新闻传播学》(2006)一文,根据CNKI数据库中新闻传播学领域学术论文的被引次数,分析了被引论文作者的综合情况;《中国新闻学与传播学研究概况分析》(2008)一文,从引文数量、引文类型、引文文种等多个角度对CSSCI数据库中收录的新闻传播学论文作了综合分析;《中国新闻传播学被其他学科引证状况及其分析》(2010)一文,以48位在国内较有影响力的新闻传播学学者作为样本,基于CNKI数据库的相关数据着重分析了这些作者1989年至2008年间发表论文被外部学科引用的状况。

法学专业领域的相关研究,如《从法学著述引证看中国法学》(2003)一文,利用CSSCI数据库的资料,分析研究了当代中国法学界一些学者的被引次数进而考察了当代中国法学的总体状况及其隐含的问题;《2009年法学研究的一些形式特点》(2010)一文,选取3本法学期刊发表的法学论文为样本,统计分析了3本期刊的载文量、载文长度,以及发表论文的地区分布、机构分布、作者分布等多项形式特征;《经济法基础理论研究与经济法学术共同体的建立》(2011)一文,根据CNKI数据库的数据,统计分析了经济法研究领域的30篇高被引论文的特征。

在这些研究中,新闻传播学专业领域的学者主要使用引文分析方法分析整个学科的综合情况,而在法学领域,学者近年来更倾向于运用该方法对经济法研究、国际法研究等更为具体研究领域的相关情况进行分析。遗憾的是,新闻法制研究这一新闻传播学与法学交叉领域的期刊论文情况并未引起学界关注。使用引文分析方法对新闻法制研究的高被引论文从多个角度进行分析,或可弥补这一缺憾。

本书首先选取1978年至2014年30余年以来新闻法制研究的高被引期刊论文,对其引文类型进行分析,以考察各种类型文献在新闻法制研究中的被吸收和调用的状况。选择高被引期刊论文中的引文作为分析对象,前提假设是高被引期刊论文中的引文能够对读者的引用行为产生直接或间接的影响,该假设基于以下四个方面的考虑:

其一，期刊论文是所有学术研究成果载体中研究论题最为具体、最能反映相关研究领域知识前沿的载体，有些专著在出版前往往会先以论文的形式发表，如李缨、庹继光（2009）在撰写《法治视野下的司法传媒和谐论》一书的进程中相继将其中部分内容修改成论文先行发表。此外，期刊论文不但更新速度较快，而且还能够及时援引各种类型的相关文献作为其研究观点的支撑和佐证。因此，期刊论文对各类文献的调用程度最为活跃和充分，能够反映不同类型文献在学术研究中使用的大致情况。

其二，期刊论文总被引次数反映的是论文的学术影响，期刊论文被引次数越多说明其产生的学术影响也越大。尽管引用行为和动机具有多样化特征，如正面引用、负面引用、中性引用、复杂引用、伪引用、歪曲引用等，但是引用行为一旦发生便能够说明被引文章在某种程度上受到了引用者的注意。相对于从未被引用或较少被引用的论文而言，高被引期刊论文中所引用的参考文献的特征更可能对读者产生影响。

其三，引用文献是期刊论文学术表达的重要组成部分，它不仅反映了对他人成果的借鉴与尊重，对读者获取和阅读相关文献也有指引作用。查阅论文并根据论文的引文进一步寻找相关文献，是查找文献资源的一种重要方法。因此，引文也是读者参考相关论文时所考察的内容之一，期刊论文的引文来源会对引用者查阅相关文献及其引用行为产生影响，转引参考文献现象的普遍存在即可说明这一点。

其四，引用文献体现了期刊论文自身的学术含量和规范程度，在引用行为发生时，被引论文的引文规范特征也会潜移默化地影响引用者。例如，耶鲁大学法学院图书馆副馆长夏皮罗就曾表示："传统法学文章的引用规范成为如今学术发展的'风向标'，为法学研究的严谨性和科学性的树立奠定了坚实的基础。"[①]

[①] 刘丹妮：《传统法学文章引用规范成学术发展"风向标"》，《中国社会科学报》2012年6月11日第315期，转引自中国社会科学在线（http://www.csstoday.net/Item.aspx?id=15441），2013年4月13日查阅。

一、研究样本的来源

本书的研究资料来源于中国期刊全文数据库（CNKI），该数据库是目前世界上最大的连续动态更新的中文期刊全文数据库，收录国内8200多种综合期刊与专业特色期刊的全文，以学术、技术、政策指导、高等科普及教育类为主，内容覆盖自然科学、工程技术、农业、哲学、人文社会科学等各个领域，全文文献总量2200多万篇，分十大专辑，168个专题和近3600个子栏目，中心网站及数据库交换服务中心每日更新5000—7000篇，各镜像站点通过互联网或卫星传送数据可实现每日更新，专辑光盘每月更新，专题光盘年度更新。[①]

二、研究样本的确立与分析

本书以1978年至2014年作为检索年限，将CNKI数据库的中国学术期刊网络出版总库、特色期刊库和中国学术辑刊全文数据库作为数据来源，分别以"新闻"与"法"、"传播"与"法"、"新闻"与"权利"、"新闻"与"侵权"、"新闻"与"司法"、"传媒"与"司法"等设为主题词和关键词分别进行交叉搜索，并对检索到的文章进行筛选整理，对于一稿多发的情况，即同一篇文章发表在两种或以上不同的期刊上，以被引次数最高的为主，例如：筛选出排名前100位的文章加以分析，鉴于排名第100位的文章被引次数为19次，若将被引次数为19次的6篇文章全部纳入样本范围则得到论文是103篇。因此，本书将研究样本设定为被引次数在19次及以上的103篇论文，进而将这103篇论文的引文录入EXCEL，共得到1041条引文。

[①] 中国知网：《中国期刊全文数据库简介》，中国知网（http://www.cnki.net/jianjie/jj1.htm），2014年4月23日查阅。

（一）我国新闻法制研究高被引期刊论文的简要说明

鉴于本书之后的章节还要基于来自于 CNKI 数据库中 1978 年至 2014 年的 103 篇新闻法制研究高被引论文的相关要素进行分析，因此，有必要对这 103 篇高被引期刊论文的形式特征加以简要介绍，样本的具体信息见附录表1。

1. 高被引论文的时间分布

本书选定的 103 篇新闻法制研究高被引论文，其发表的时间分布于 1994 年至 2011 年间的 18 个年份，2000 年及之前的新闻法制研究高被引论文 32 篇，占高被引论文总数的 31%；2001 年及以后的新闻法制研究高被引论文 71 篇，占高被引论文总数的 69%。其中，高被引论文篇数在 10 篇以上的年份是 1999 年、2002 年和 2003 年，分别有高被引论文 13 篇、14 篇和 11 篇；高被引论文篇数低于 3 篇的有 5 个年份，分别是 1994 年、1995 年、1996 年、2008 年和 2009 年。由此可见，发表于 1997 年之前和 2007 年之后的新闻法制研究单篇期刊论文被引次数相对较少。

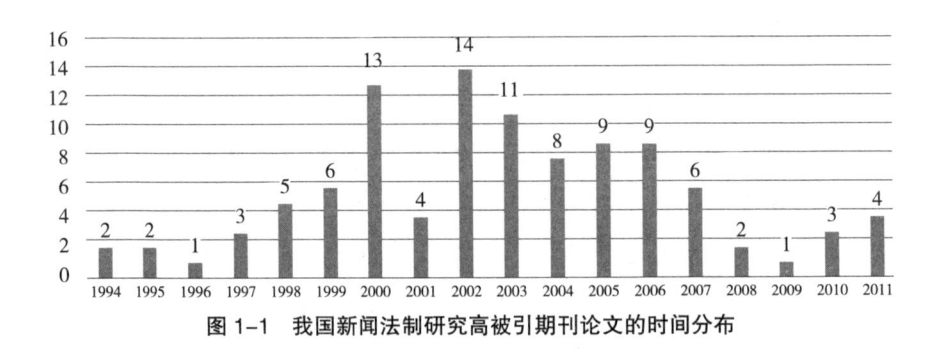

图 1-1 我国新闻法制研究高被引期刊论文的时间分布

2. 高被引论文的期刊分布

本书选定的 103 篇高被引论文来源于 47 种期刊。其中，刊载 1 篇新闻法制研究高被引论文的期刊有 29 种，刊载 2 篇的期刊有 8 种，刊载 4 篇及以上的期刊有 10 种。刊载 4 篇及以上新闻法制研究高被引论文的期刊分别是新闻传播学专业的 4 种期刊：《新闻记者》《国际新闻界》《新闻与传播研究》《新闻知识》，以及法学专业的6种期刊：《中国法学》《法学》《人民司法》《河北法学》《法学研究》和《现代法学》。

表1-1 我国新闻法制研究高被引论文的期刊分布

序号	期刊	刊载高被引论文篇数	序号	期刊	刊载高被引论文篇数
1	新闻记者	12	25	人大研究	1
2	中国法学	8	26	兰州地道学院学报	1
3	国际新闻界	7	27	内蒙古社会科学（汉文版）	1
4	新闻与传播研究	6	28	华东政法大学学报	1
5	法学	5	29	南京师范大学学报（社会科学版）	1
6	人民司法	4	30	广西社会科学	1
7	新闻知识	4	31	政治与法律	1
8	河北法学	4	32	政法论丛	1
9	法学研究	4	33	新闻三昧	1
10	现代法学	4	34	时代法学	1
11	中国记者	2	35	武汉大学学报（人文科学版）	1
12	学习与探索	2	36	比较法研究	1
13	当代法学	2	37	河北大学学报	1
14	政法论坛	2	38	法商研究	1
15	新闻大学	2	39	法学杂志	1
16	新闻战线	2	40	法学论坛	1
17	新闻界	2	41	法学评论	1
18	河南省政法管理干部学院学报	2	42	法律适用	1
19	中南政法学院学报	1	43	环球法律评论	1
20	中国人民大学学报	1	44	现代传播	1
21	中国律师	1	45	社会科学论坛	1
22	中国青年政治学院学报	1	46	诉讼法论丛	1
23	中山大学学报（社会科学版）	1	47	阴山学刊	1
24	云南大学学报（法学版）	1			

在47种来源期刊中，法学专业期刊和发表在法学专业期刊上的高被引论文居多，具体分布情况如下：包含10种新闻传播学专业期刊，刊载在该类期刊上的新闻法制研究高被引论文数量为39篇，平均每种期刊约刊载了4篇高被引论文；包含23种法学专业期刊，刊载在该类期刊上的新闻法制研究高被引论文数量为49篇，平均每种期刊约刊载了2篇高被引论文；还包含14种综合性专业期刊，刊载在该类期刊上的新闻法制研究高被引论文15篇，平均每种期刊刊载了1篇高被引论文。

表1-2 我国新闻法制研究高被引论文的期刊背景分布

期刊性质	期刊数量	所占比例	刊载高被引论文的数量	所占比例	平均每本期刊刊载高被引论文的数量
新闻传播学专业期刊	10	21%	39	38%	4
法学专业期刊	23	49%	49	48%	2
综合性专业期刊	14	30%	15	15%	1
总计	47	100%	103	100%	2

3. 高被引论文的作者分布

本书选定的103篇新闻法制研究高被引论文共涉及100位作者。其中，发表了1篇高被引论文的作者有83位，发表了2篇高被引论文的作者有12位，发表了3篇及以上高被引论文的作者有5位。发表了3篇及以上高被引论文的作者分别是：魏永征（7篇）、杨立新（5篇）、徐迅（4篇）、高一飞（4篇）和郑保卫（3篇）。

表1-3 我国新闻法制研究高被引论文的作者分布

序号	作者	发表高被引论文的篇数	序号	作者	发表高被引论文的篇数	序号	作者	发表高被引论文的篇数
1	魏永征	7	35	孙 磊	1	69	栗 峥	1
2	杨立新	5	36	宋小卫	1	70	梁 平	1
3	徐 迅	4	37	展 江	1	71	梁治平	1
4	高一飞	4	38	常鹏翱	1	72	汪明亮	1

续表

序号	作者	发表高被引论文的篇数	序号	作者	发表高被引论文的篇数	序号	作者	发表高被引论文的篇数
5	郑保卫	3	39	干朝端	1	73	汪 洋	1
6	乔云霞	2	40	张 军	1	74	王 军	1
7	孙旭培	2	41	张冠楠	1	75	王建林	1
8	宋素红	2	42	张剑秋	1	76	王强华	1
9	张新宝	2	43	张振亮	1	77	王 玩	1
10	慕明春	2	44	张泽涛	1	78	甄树清	1
11	朱 健	2	45	张蓓蓓	1	79	白 净	1
12	王人博	2	46	张西明	1	80	程关松	1
13	王俊杰	2	47	张诗蒂	1	81	程竹汝	1
14	罗 斌	2	48	张 雯	1	82	罗 静	1
15	胡连利	2	49	徐显明	1	83	范玉吉	1
16	贺卫方	2	50	徐 芳	1	84	袁晓波	1
17	陈 绚	2	51	成协中	1	85	谭世贵	1
18	陶志刚	1	52	春 杨	1	86	赵 利	1
19	万 春	1	53	景汉朝	1	87	车 英	1
20	乔思文	1	54	曹 越	1	88	邓小兵	1
21	乾 宏	1	55	朱 丽	1	89	邓 斌	1
22	于秀艳	1	56	朱 玲	1	90	郭卫华	1
23	任 进	1	57	朱 颖	1	91	郭志媛	1
24	侯 健	1	58	李俊良	1	92	郭道晖	1
25	冯 军	1	59	李修源	1	93	郭镇之	1
26	冯渊源	1	60	李先波	1	94	阚敬侠	1
27	刘作翔	1	61	李 忠	1	95	陈力丹	1
28	刘 斌	1	62	李斯颐	1	96	陈柏峰	1
29	刘 洁	1	63	李登杰	1	97	韩 元	1
30	卜建林	1	64	李雨峰	1	98	顾培东	1
31	叶红耘	1	65	杨 凯	1	99	颜春龙	1
32	吉玉泉	1	66	杨宣春	1	100	齐延平	1

续表

序号	作者	发表高被引论文的篇数	序号	作者	发表高被引论文的篇数	序号	作者	发表高被引论文的篇数
33	吴 飞	1	67	杨 平	1			
34	周 泽	1	68	杨建成	1			

我国新闻法制研究高被引论文的作者主要来自新闻传播学专业和法学专业，以学术界人士为主。依据作者的学术背景加以考察，来自法学专业和新闻传播学专业的作者分别是64位和31位，两者占到作者总数的95%，其中，法学专业背景的作者数量是新闻传播学专业背景作者的2倍多，具有新闻传播学和法学综合学科背景的作者仅有2位。依据作者的职业背景加以考察，以学者居多，来自高校的学者和兼具高校学者与法律或新闻工作背景的作者分别是83位和5位，占到作者总数的88%。

表1-4 我国新闻法制研究高被引论文的作者背景分布

作者学术背景	人数	比例	作者职业背景	人数	比例
法学	64	64%	高校学者	83	83%
新闻传播学	31	31%	法律工作者	8	8%
其他学科	3	3%	新闻工作者	4	4%
新闻传播学与法学	2	2%	高校学者与法律工作者	3	3%
			高校学者与新闻工作者	2	2%
总计	100	100%	总计	100	100%

（二）我国新闻法制研究高被引期刊论文的引文类型分析

分析我国新闻法制研究高被引论文的引文类型，虽然无法对我国新闻法制研究引用文献类型的现状作出最全面和绝对精确的描述，但是通过对一定数量的引文进行分析，进而得出各种类型文献被引用的相对比例，仍可以反映出各种类型文献在我国新闻法制研究中被利用的不同程度。

本书选定的103篇新闻法制研究高被引期刊论文中，共有引文1041篇次，篇均引文数为10.11篇。其中，25篇论文没有引文，占论文总数的24%；78篇论文有引文，占论文总数的76%，单篇论文中引文最多的是45篇。1041篇次引文中，根据语种划分，包含中文引文（含译著）903篇次，占引文总数的87%；外文引文138篇次，占引文总数的13%。鉴于本书考察的新闻法制理论研究的文献基础主要是中国大陆的相关文献，因此，本书只分析903篇次中文引文的特征。

我国新闻法制研究高被引论文的903篇次中文引文以学术类文献为主，共679篇次，占中文引文总数的75%；其次是其他类型文献，共181篇次，占中文引文总数的20%；而法务公文类文献仅被引用43篇次，占中文引文总数的5%。

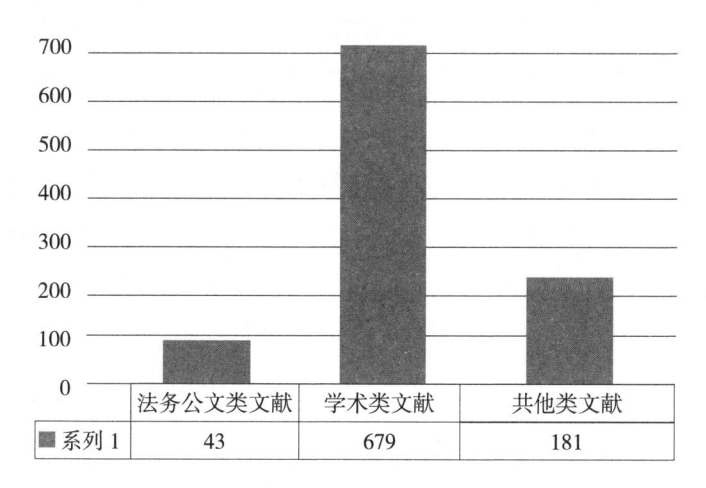

	法务公文类文献	学术类文献	共他类文献
系列1	43	679	181

图1-2 我国新闻法制高被引论文的引文类型分布

1. 我国新闻法制研究高被引论文的法务公文类引用文献

我国新闻法制研究高被引论文中，引用的法务公文类文献为43篇次，占中文引文总数的比例为5%。其中，法律法规和裁判文书分别为28篇次和10篇次，政策文件和工作报告分别被引2篇次和3篇次，而

49

领导人讲话和议案提案则未被引用。被引篇次为 4 次及以上的法务公文类文献分别是《中华人民共和国宪法》和最高人民法院的裁判文书。

表 1-5　我国新闻法制研究高被引论文引用的法务公文类文献

法务公文类文献引文	法律法规	政策文件	领导人讲话	裁判文书	议案提案	工作报告
篇次	28	2	0	10	0	3

新闻法制研究以新闻活动相关的法律制度、法律现象及其规律为研究对象，因此，我国法律制度的具体规定及其裁判文书理应是新闻法制研究论文引文中的重要组成部分。新闻法制研究的法律法规和裁判文书文献虽然在法务公文类文献中是被引用最多的类型，但是其绝对数量与学术类文献相差甚多。在法学论文引文中也存在相似的情形[①]，造成这种现象主要是因为：众多期刊论文往往对法律法规条文的引用并不以注释或参考文献的方式标出，而是直接在正文中给出法律名称及其条文的具体内容，单纯对注释或参考文献加以分析，无法完全反映出法律法规文献被引用的程度，例如《司法审判与新闻监督》（王玳，1998）一文，正文中指出"1950 年《欧洲人权公约》第 6 条规定：在决定某人的公民权利与义务或在决定对某人的任何刑事罪名时，……，可拒绝记者与公众旁听全部或部分审判"，除此之外，该文还引用了《公民权利和政治权利公约》第 14 条第 1 款的规定[②]；又如《隐性采访的法律问题》（万春，2000）一文引用了《国家安全法》《国家安全法实施细则》《未成年人保护法》等法律法规的具体条文[③]，这些文章均未以注释或参考文献的形式对其引用的法律法规进行标注。与此类似，工作报告、政策文件、领导人讲话、议案提案等多种类型文献虽然也经常出现在新闻法制研究论文

[①] 苏新宁：《中国人文社会科学学术影响力报告（2000—2004）》，北京：中国社会科学出版社 2007 年版，第 777 页。

[②] 王玳：《司法审判与新闻监督》，《人民司法》1998 年第 11 期，第 31—32 页。

[③] 万春：《隐性采访的法律问题》，《新闻记者》2000 年第 3 期，第 49—51 页。

的正文中，例如《论作为人权和公民权的表达权》（郭道晖，2009）一文的开篇就引用了党的十七大报告，指出"党的十七大报告强调要'保障人民的知情权、参与权、表达权、监督权'"，在行文中又引用了《世界人权宣言》的内容，指出"联合国《世界人权宣言》第29条第2款对行使言论自由权利的限制作出如下规定：'人人在行使他的权利和自由的时候，……，并在一个民主的社会里适应道德、公共秩序和普遍福利的正当需要'"[①]，该文作者也未以注释或参考文献的形式对其引用的此类文献加以标注。因此，法务公文类文献在引文总数中所占比例较低的现状，并不是新闻法制研究学者对其重视程度和引用程度低，还有可能是由于引文标注规范性不强所致。为了较好地把握新闻法制研究对法务公文类文献的利用程度，强化施引者引文标注的规范性尤为重要。

2. 我国新闻法制高被引论文的学术类引用文献

新闻法制研究高被引论文的学术类引文中，图书被引篇次明显高于论文的被引篇次。其中，图书被引410篇次，占学术类引文总数的60%，每篇期刊论文引用或参考的图书文献平均为3.98篇次；论文被引269篇次，占学术类引文总数的40%，每篇期刊论文引用或参考的论文文献平均为2.61篇次。

苏新宁（2011）曾指出，图书被引比例越高，则代表学科发展越成熟[②]，如果该判断成立，那么新闻法制研究的成熟度则相对较高。鉴于新闻传播学科每篇文章引用或参考的图书文献平均只有3.02篇次[③]，新闻法制研究的成熟度略高于新闻传播学科整体的成熟度。

然而，论文作为最能代表和反映学科前沿的文献，对论文的引用次数越多则代表对学科前沿的关注越密切，与新闻传播学科每篇文章引用

[①] 郭道晖：《论作为人权和公民权的表达权》，《河北法学》2009年第1期，第54—59页。
[②] 苏新宁：《中国人文社会科学图书学术影响力报告》，北京：中国社会科学出版社2011年版，第12页。
[③] 胡翼青：《中国新闻传播研究主体知识地图——基于CSSCI图书引文的分析》，《中国出版》2013年第19期，第46—51页。

或参考的论文文献平均为 2.34 篇次[①]的数据相比,新闻法制研究对学科前沿的关注程度略高于新闻传播学科整体对学科前沿的关注程度。

表 1-6　我国新闻法制高被引论文的学术类引用文献情况

学术类引文	篇次	比例	平均每篇论文引用的篇次
图书	410	60%	3.98
论文	269	40%	2.61
总计	679	100%	6.59

（1）图书类引文

在新闻法制高被引论文的图书类引文中,主要包含专著、教材、译著、汇编和其他,其他是指领袖著作、历史文献和工具书。其中,专著和译著的被引篇次最多,分别为 237 篇次和 130 篇次,占图书类引文总数的比例约为 90%;其他类文献被引 26 篇次,占图书类引文总数的比例约为 6%;教材和汇编分别被引 10 篇次和 7 篇次,占图书类引文总数的比例约为 4%。

表 1-7　我国新闻法制高被引论文的图书类引文情况

图书类引文	篇次	比例
专著	237	58%
译著	130	32%
其他	26	6%
教材	10	2%
汇编	7	2%
总计	410	100%

专著在新闻法制研究高被引论文的图书类引文中所占比例最大。除去两本无法确定出版时间的专著外,剩余 235 篇次被引专著中,在 2000 年及之前出版的专著被引 166 篇次,占被引专著总篇次的 71%;2001

[①] 胡翼青:《中国新闻传播研究主体知识地图——基于 CSSCI 图书引文的分析》,《中国出版》2013 年第 19 期,第 46—51 页。

年及之后出版的专著被引 69 篇次，占被引专著总篇次的 29%。这表明 2000 年及之前出版了一批对新闻法制研究具有较高影响力的专著，2001 年及之后出版的专著在新闻法制研究高被引论文中的被引用频次还相对较低，对后续的相关研究所产生的影响力较弱。

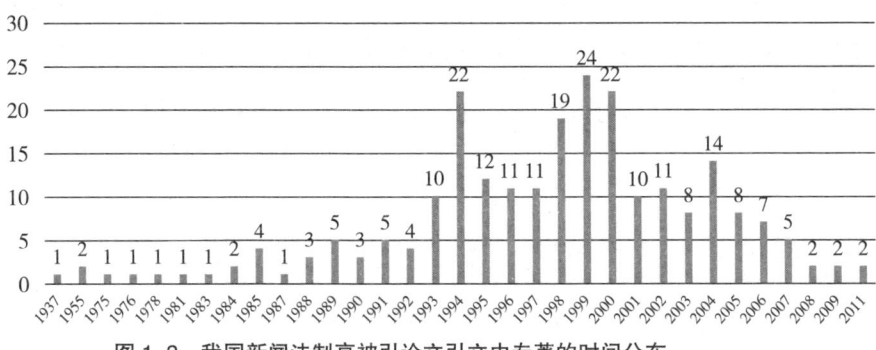

图 1-3　我国新闻法制高被引论文引文中专著的时间分布

由图 1-3 可以直观地看到，新闻法制研究高被引论文引文中专著的时间分布呈现了两个高峰期，分别是 1994 年和 1998 年至 2000 年。其中，第一个高峰期最为明显，该年度被引专著的篇次较前后年份均多出 10 篇次左右；第二个高峰期是从 1998 年开始直至 2000 年的一个时间段，其前后三年的专著分别被引 19 篇次、24 篇次和 22 篇次。

第一个高峰期出现在 1994 年，主要是因为这一年我国出版了最早的新闻侵权专著，这些专著成为之后学者开展相关研究的主要参考文献。其中，被引次数在 3 次及以上的是：魏永征的《被告席上的记者》（上海人民出版社 1994 年版）和孙旭培的《新闻侵权与诉讼》（人民日报出版社 1994 年版），它们是我国新闻学者撰写的关于新闻侵权研究最早的两本论著。

第二次高峰期出现在 1998 年至 2000 年，该高峰期被引次数在 3 次以上的专著共 5 本，分别是：贺卫方的《司法的理念与制度》（中国政法大学出版社 1998 年版）、刘迪的《现代西方新闻法制概述》（中国法制出版社 1998 年版）、顾理平的《新闻法学》（中国广播电视出版社 1999 年版）、王利明的《司法改革研究》（法律出版社 2000 年版）和甄树青的

《论表达自由》（社会科学文献出版社 2000 年版）。这表明新闻与司法研究在我国新闻法制研究中得到了较多关注，而关于国外新闻法制和新闻表达自由权利的研究也为学术界展开研究提供了较多参考。

除上述年份之外，专著类文献被引 3 次及以上的还有王利明与杨立新合著的《人格权与新闻侵权》（中国方正出版社 1995 年版）和徐迅的《中国新闻侵权纠纷的第四次浪潮》（中国海关出版社 2002 年版）。

表 1-8 我国新闻法制高被引论文引文中被引 3 次及以上的专著（按出版时间排序）

序号	专著信息	被引次数
1	魏永征：《被告席上的记者》，上海人民出版社 1994 年版	3
2	孙旭培：《新闻侵权与诉讼》，人民日报出版社 1994 年版	3
3	王利明、杨立新：《人格权与新闻侵权》，中国方正出版社 1995 年版	10
4	贺卫方：《司法的理念与制度》，中国政法大学出版社 1998 年版	3
5	刘迪：《现代西方新闻法制概论》，中国法制出版社 1998 年版	3
6	顾理平：《新闻法学》，中国广播电视出版社 1999 年版	3
7	王利明：《司法改革研究》，法律出版社 2000 年版	5
8	甄树青：《论表达自由》，社会科学文献出版社 2000 年版	3
9	徐迅：《中国新闻侵权纠纷的第四次浪潮》，中国海关出版社 2002 年版	3

译著在新闻法制研究高被引论文的图书类引文中所占的比例仅次于专著。130 篇次被引译著中，在 2000 年及之前出版的译著被引 108 篇次，占被引译著总篇次的 83%；2011 年及之后出版的译著被引 22 篇次，占被引译著总篇次的 17%。该被引情形与专著类似，即：对新闻法制研究具有较高影响力的译著以出版于 2000 年及之前的占主要地位，而 2001 年及之后出版的译著对新闻法制研究的影响力则相对较弱或尚未体现出来。

图1-4 我国新闻法制高被引论文引文中译著的时间分布

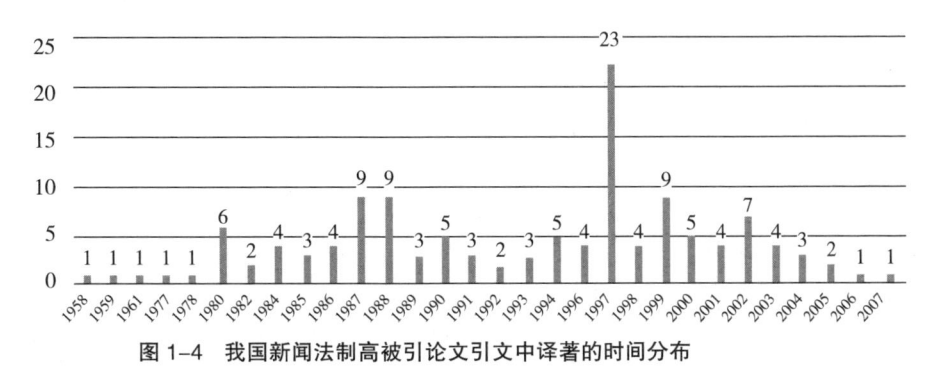

由图1-4可知，新闻法制研究高被引论文引文中译著的时间分布呈现了一个明显的高峰期，即1997年出版的译著被引篇次最多，该年度被引次数在3次以上的译著是黄列翻译的《大众传媒法概要》（中国社会科学出版社1997版）。除此之外，其他年份出版的被引3次以上的译著还有：邓正来翻译的《法理学法哲学及其方法》（华夏出版社1987年版）、《正义论》（何怀宏等译，中国社会科学出版社1988年版）、《论美国的民主》（董果良译，商务印书馆1988年版）、《美国大众传播法判例评析》（梁宁译，清华大学出版社2002年版）。

表1-9 我国新闻法制高被引论文引文中被引3次及以上的译著（按出版时间排序）

序号	译著信息	被引次数
1	（美）E·博登海默 著，邓正来译：《法理学法哲学及其方法》，华夏出版社1987年版	3
2	（美）约翰·罗尔斯，何怀宏等译：《正义论》，中国社会科学出版社1988年第1版、2001年第2版	3
3	（法）托克维尔，董果良译：《论美国的民主》，商务印书馆1988年版	6
4	（美）T.巴顿·卡特 著，黄列译：《大众传播法概要》，中国社会科学出版社1997年版	13
5	（美）唐纳德·M·吉尔摩等著，梁宁译：《美国大众传播法判例评析》清华大学出版社2002年版	5

教材在新闻法制研究高被引论文的图书类引文中所占的比例较低，仅被引用10篇次。其中，魏永征的《新闻传播法教程》（中国人民大学出版社2002年第1版、2006年第2版、2010年第3版、2013年第4版）

一书被引7次，成美与童兵合著的《新闻理论教程》（中国人民大学出版社1993年版）、陈兴良的《案例刑法教程》（中国政法大学1994年版）和国际人权法项目组编写的《国际人权法教程》（中国政法大学出版社2002年版）各被引用1次。与专著和译著被引情形不同的是，出版于2000年及之前的教材被新闻法制研究高被引论文引用的较少，而出版于2002年并经多次修订的新闻传播学专业的教材《新闻传播法教程》被引次数最多。这说明尽管我国目前已有约30本新闻法制教材，但是对新闻法制研究产生较大影响力的教材还不多，且较有影响的教材出版于2000年以后。

汇编文献在新闻法制研究高被引论文的图书类引文中仅被引用7篇次，除了中国社会科学院新闻研究所和北京新闻学会合作编辑的《各国新闻出版法选辑》（人民日报出版社1981年版）被引用2次之外，新闻出版署办公室编辑的《新闻出版工作文件选编1993》（中国ISBN中心1995年版）、新闻出版总署教育培训中心编著的《报纸出版法律法规选编》（中国大百科全书出版社2003年版）等均被引用1次。虽然有些汇编文献出版的初衷便是"满足我国新闻法学研究工作的需要"[1]和"为传媒研究人士发挥参考价值"[2]，但是该类文献在我国新闻法制研究中的被利用程度仍相对较低，当然，不能否认或许也存在某些论文直接在正文中交代了汇编名称及主要内容而并未以注释或参考文献的方式标注的情况。

其他类图书文献在新闻法制高被引论文中被引用的篇次较少。领袖著作被引10篇次，历史文献被引6篇次，工具书被引10篇次。其中，领袖著作中《马克思恩格斯全集》被引次数最多，被引7次；历史文献中《清代通史》等清代的文献总计被引4次；工具书中《现代汉语词典》《辞海》和《牛津法律大辞典》分别被引3次。从统计数字上来看，相对

---

[1] 孙旭培：《各国新闻出版法选辑（续编）》，北京：人民日报出版社1987年版，编辑说明。

[2] 汪炳华、杨忠明：《新加坡大众传媒法规》，郝晓明译，亚洲传媒信息与传播中心1998年版，第2页。

于专著和译著等其他图书类文献,领袖著作、历史文献和工具书对新闻法制高被引论文发挥的作用很小,在推动新闻法制理论研究方面的影响还相对较弱。

(2)论文类引文

在新闻法制研究高被引论文的论文类引文中,主要包含期刊论文、会议论文、学位论文和书目论文。其中,期刊论文的被引篇次最多,为201篇次,占论文类引文总数的比例约为75%;书目论文和会议论文分别被引38篇次和26篇次,占论文类引文总数的比例分别是14%和10%;学位论文仅被引用4篇次。

表1-10 我国新闻法制高被引论文的论文类引文情况

论文类引文	篇 次	比 例
期刊论文	201	75%
书目论文	38	14%
会议论文	26	10%
学位论文	4	1%
总计	269	100%

期刊论文在新闻法制研究高被引论文的论文类引文中所占比例最大,其中,在2000年及之前发表的期刊论文被引155篇次,占被引期刊论文总篇次的77%;2001年及之后发表的期刊论文被引46篇次,占被引期刊论文总篇次的23%。这表明2000年及之前发表的期刊论文对后续的新闻法制研究产生了较高的影响力,2001年及之后发表的期刊论文对新闻法制研究的影响力尚处于较低水平。

由图1-5可见,新闻法制研究高被引论文引文中期刊论文的时间分布出现了一个高峰期,即1998年至2000年,这一时间段发表的论文被引篇次最高,均超过20篇次。其中,1998年发表的期刊论文被引23篇次,该年度被引3次及以上的期刊论文是贺卫方的《传媒与司法三题》(《法学研究》1998年第6期);1999年发表的期刊论文被引31篇次,该年度被引 3 次及以上的期刊论文是顾培东的《论对司法的传媒监督》（《法学研究》1999 年第 6 期）；2000 年发表的期刊论文被引 22 篇次，该年度被引 3 次及以上的期刊论文是张志铭的《传媒与司法的关系：从制度原理分析》（《中外法学》2000 年第 1 期）。这三篇论文均是探讨传媒与司法关系的文章，这种情况说明了 1999 年前后我国新闻与司法之间的冲突和矛盾逐渐增多并且引起了学术界的关注，在这一时期产出的学术论文对之后的相关研究起到了较强的参考与借鉴的作用。除此之外，季立新的《关于当前处理新闻纠纷的原则》（《上海大学学报》1997 年第 12 期）一文被引次数也在 3 次以上。

图 1-5 我国新闻法制高被引论文引文中期刊论文的时间分布

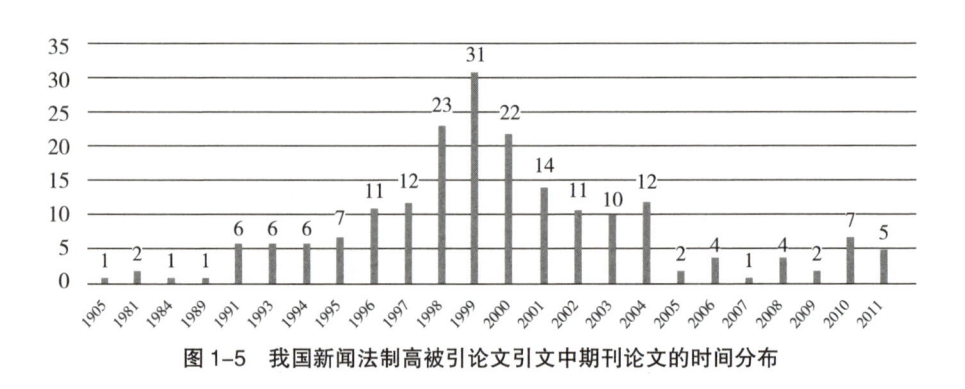

表 1-11 我国新闻法制高被引论文引文中被引 3 次及以上的期刊论文（按发表时间排序）

序号	期刊论文信息	被引次数
1	季立新：《关于当前处理新闻纠纷的原则》，《上海大学学报》1997 年第 12 期	4
2	贺卫方：《传媒与司法三题》，《法学研究》1998 年第 6 期	6
3	顾培东：《论对司法的传媒监督》，《法学研究》1999 年第 6 期	6
4	张志铭：《传媒与司法的关系：从制度原理分析》，《中外法学》2000 年第 1 期	3

书目论文在新闻法制研究高被引论文的论文类引文中也占有一定比例。其中，在 2000 年及之前发表的书目论文被引 13 篇次，占被引书目

论文总篇次的34%；2001年及之后发表的书目论文被引25篇次，占被引书目论文总篇次的66%。与上述的专著、译著和期刊论文等的被引情况有所不同，较2000年及之前而言，2001年及之后发表的书目论文在新闻法制研究论文中的被引篇次较多，出现这种情况的原因在于，近年来我国出版的主编书目呈增长趋势，而发表在主编书目上的论文的影响力也在逐渐增强。

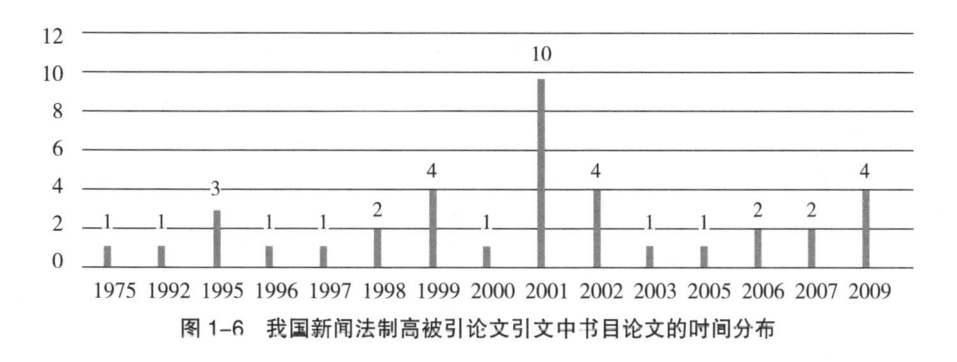

图1-6 我国新闻法制高被引论文引文中书目论文的时间分布

由图1-6可以看出，新闻法制研究高被引论文引文中书目论文的在2001年出现了一个高峰期，该年度发表的书目论文被引10篇次。其中，陈新民发表于《司法公正与权利保障》（中国法制出版社2001年版）上的《新闻自由与司法独立》一文被引6次，这说明发表于某一主编书目中的论文也会引起学术界关注并对相关研究产生较大影响。

通过对书目论文的来源书目进行统计发现，被引38篇次书目论文来自23本主编书目，其中被引3次及以上的主编书目仅有2本，分别是：《司法公正与权利保障》（中国法制出版社2001年版）和《新闻（媒体）侵权研究新论》（法律出版社2009年版）。其中《司法公正与权利保障》一书中的论文被新闻法制研究高影响力论文引用8篇次，引用文章3篇，其中一篇即为陈新民的《新闻自由与司法独立》；而《新闻（媒体）侵权研究新论》被引4篇次，被引用的是不同作者所写的4篇论文，相对于一本主编书目中某篇文章被引较多次数而言，可以说，《新闻（媒体）侵权研究新论》这本主编书目的整体影响力比其中发表的单篇论文对学界产生的影响力更大。

表1-12　我国新闻法制高被引论文引文中被引3次及以上的书目论文与主编书目
（按出版时间排序）

序号	书目论文及主编书目信息	书目论文被引次数	主编书目被引篇次
1	陈新民：《司法公正与权利保障》，刊载于北京大学法学院人权研究中心编：《司法公正与权利保障》，中国法制出版社2001年版	6	8
2	陈文敏：《公平审讯公开审讯传媒监督与蔑视法庭》，刊载于北京大学法学院人权研究中心编：《司法公正与权利保障》，中国法制出版社2001年版	1	
3	陈弘毅：《从英美加的一些重要判例看司法与传媒的关系》，刊载于北京大学法学院人权研究中心编：《司法公正与权利保障》，中国法制出版社2001年版	1	
4	徐迅：《新闻侵害名誉权隐私权新的司法解释建议稿》，刊载于徐迅主编：《新闻（媒体）侵权研究新论》，法律出版社2009年版	1	4
5	王松苗：《有事实依据不等于有客观事实》，刊载于徐迅主编：《新闻（媒体）侵权研究新论》，法律出版社2009年版	1	
6	马军：《网络隐私权的抗辩权分析》，刊载于徐迅主编：《新闻（媒体）侵权研究新论》，法律出版社2009年版	1	
7	魏永征、张鸿霞：《考察公众人物概念在中国大众媒介诽谤案件中的应用》，刊载于徐迅主编：《新闻（媒体）侵权研究新论》，法律出版社2009年版	1	

会议论文在新闻法制研究高被引论文的论文类引文中占有10%的比例。其中，2000年之前发表的会议论文在新闻法制研究高被引论文中产生的影响较大，且被引21篇次均来自于"新闻纠纷和法律责任研讨会"，该会议分别于1992年、1998年和1999年举办三届，其中《新闻纠纷和法律责任研讨会论文集》和《舆论监督与新闻纠纷》（《全国第二次新闻纠纷和法律责任学术讨论会论文集》）分别收录了第一届和第二届"新闻纠纷和法律责任研讨会"的参会论文，而《新闻法制全国学术研讨会论文集》（1999）则是收录了三次"新闻纠纷和法律责任研讨会"所有参会论文。

图 1-7　我国新闻法制高被引论文引文中会议论文的时间分布

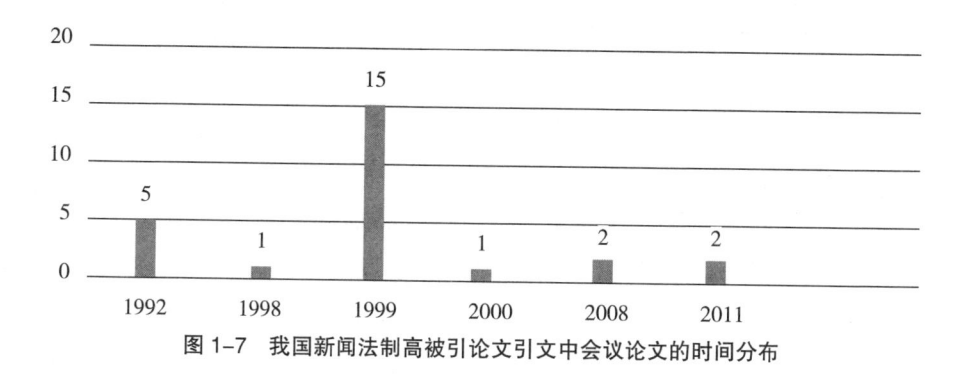

学位论文在新闻法制研究高被引论文中仅被引 4 篇次，包括 1 篇 2000 年的法学专业博士学位论文和 3 篇 2000 年以后的新闻学专业硕士学位论文。其中，《论作为人权和公民权的表达权》（郭道晖，2009）一文转引了法学专业博士学位论文中的外文参考文献；其他三篇新闻学专业硕士学位论文分别在《我国的媒体侵权责任与媒体权利保护》（杨立新，2011）和《"媒介审判"下的司法困境》（张冠楠，2011）两篇文章中被引用，引用者直接引用了论文观点作为自己的理论支撑。上述三篇引用学位论文的高被引论文均发表在法学专业期刊上，引用者都是法学学者，这说明法学专业领域的高被引论文的作者虽然治学水平较高，但是他们在撰写论文时仍会参考治学水平相对较低的学生的学位论文中的观点，其中一些还是新闻传播学领域的学位论文。新闻传播学学者发表的新闻法制研究高被引论文中没有引用学位论文的情况，说明学位论文在我国新闻传播学学者的研究中所发挥的作用尚不明显。

3. 我国新闻法制高被引论文的其他类型引用文献

新闻法制研究高被引论文引文中的其他类型文献共 181 篇次，主要是报纸文章和网络资源，这两类文献分别被引 102 篇次和 75 篇次，占其他类型文献引文总数的比例分别为 57% 和 41%；同时还包括公司的财务报告和学术界未正式发表的打印稿或建议稿等其他文献，该类文献仅被引 4 篇次，占其他类型文献引文总数的比例为 2%。

表1-13 我国新闻法制高被引论文的其他类型引文情况

其他类型文献	篇 次	比 例
报纸	102	57%
网络	75	41%
其他	4	2%
总计	181	100%

报纸文章在新闻法制研究高被引论文的其他类型引文中所占的比例最高，刊登于2000年及之前的报纸文章被引66篇次，占被引报纸文章总篇次的65%；刊登于2001年及之后的报纸文章被引36篇次，占被引报纸文章总篇次的35%。其中，1903年至1911年的报纸文章共14篇，主要来自于《申报》《时报》《大公报》等中国历史上较具影响力的报纸。

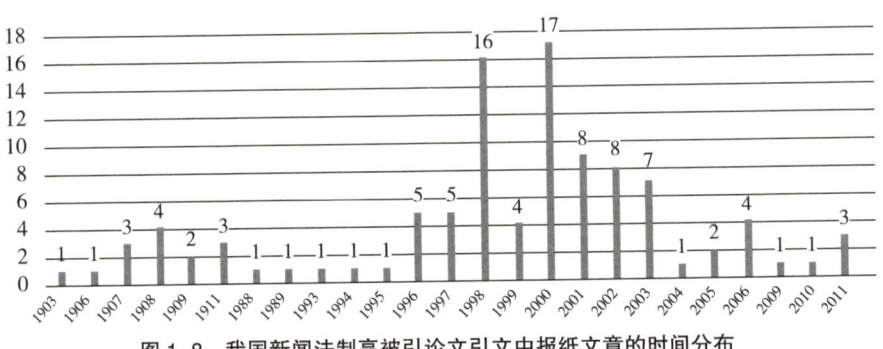

图1-8 我国新闻法制高被引论文引文中报纸文章的时间分布

由图1-8可知，报纸文章被新闻法制高被引论文引用的时间分布在1998年和2000年，呈现了两个高峰期，这两个年份的高被引报纸文章中分别包含理论性文章8篇次和4篇次，除此之外无其他明显特征。总体看来，除了消息、通讯等，学者发表在报纸上的理论文章被引篇次较高，达25篇次，占报纸类引文总篇次的四分之一。其中，贺卫方发表的报纸文章被引篇次最高，其发表在5种报纸上的6篇文章被新闻法制研究高被引论文引用。魏永征、郭道晖、徐迅等新闻法制研究学者发表在报纸上的理论文章也均被新闻法制研究高被引论文引用，这说明报纸也是学者发表理论观点的重要平台并能产生一定影响。

网络资源在新闻法制研究高被引论文的其他类型引文中所占比例为 41%，除去两条不能确定时间的网络资源外，剩余 73 篇次被引网络文献在 2011 年之前分布较为均匀，并未有明显增加的趋势。然而，在 2011 年呈现出一个高峰，这一年网络资源被引 27 篇次，其中有 19 篇次均是关于药家鑫案的报道或评论。由此可见，新闻法制高被引论文对药家鑫案给予了较多关注，而且就此议题展开论述时所依据的事实材料是以网络资源为主。结合新闻法制高被引论文引文中的报纸文章来看，2011 年引用的 3 篇次报纸文章也都是关于此案的报道和评论。

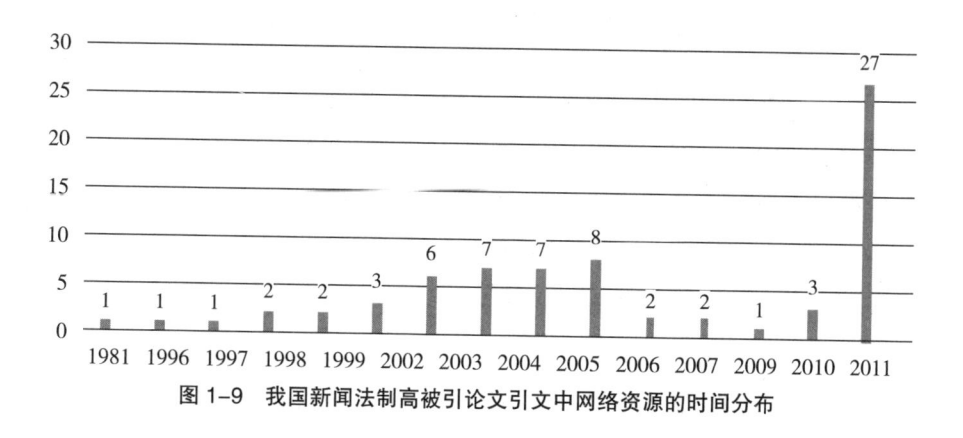

图 1-9　我国新闻法制高被引论文引文中网络资源的时间分布

第二章　我国新闻法制理论的文献主题

考察改革开放以来我国新闻法制理论的文献主题，最佳的选择是面向研究成果本身，即前文所述学术类文献。学术类文献一般以图书和论文的形式发表与传播。图书包括专著、教材、译著和汇编等；论文则包括期刊论文、会议论文、学术论文和书目论文。就一手文献的传播速度、传播广度和可得性来看，期刊论文和专著是最主要的文献，对新闻法制研究继续深化具有较高的影响力。期刊论文讲究论题具体、新颖、凸现问题意识，比较微观，生产周期短，能"反映出研究工作的最新动态和最新进展或成果"[1]；专著则是作者对某一问题所作的相对深入和系统的研究，讲究体系性与完整性，比较宏观，是较长时期内研究的结果，并且一些作者在完成专著写作之前往往选择将其新观点或新思想先通过论文的形式加以发表；对期刊论文与专著等客观存在的研究成果进行全面梳理和论述分析的文献综述，则能够在一定程度上反映其所考察文献的研究主题的发展状况。为了更为细致地呈现改革开放以来我国新闻法制理论的文献主题，本书主要使用内容分析法对期刊论文进行分析，由此考察我国新闻法制各类研究主题的具体特征。同时，在考察期刊论文的

---

[1] 郭兴寿：《社会科学文献学》，武汉：武汉大学出版社1990年版，第60页。

基础上，还会进一步对相关专著和文献综述进行梳理与简要分析，将之作为对新闻法制研究主题形成更为全面认识的辅助参考。

第一节　基于期刊论文分析我国新闻法制理论的文献主题

期刊论文是学者在学术期刊上发表的具有较强理论性和学术性的文章，社会科学研究中取得的新成果很多时候都是先通过期刊论文的形式发表，之后可能再以专著的形式进行出版，还有一些对其他学者产生较大影响力的研究成果仅仅是通过期刊论文这一种形式发表。因此，可以讲，期刊论文是各类研究成果载体中最能及时反映相关领域知识前沿的载体，而且其所囊括的研究主题更为细化、全面。通过对期刊上发表的关于新闻法制理论的论文进行内容分析，能够较好地反映出我国新闻法制理论研究主题的具体特征，这是本书将其作为最主要的样本加以分析的原因。

一、研究样本的获取与确立

根据本书第一章关于新闻法制研究高被引论文的论述，刊载 4 篇及以上高被引论文的专业期刊有 10 种。其中，新闻传播学专业期刊有 4 种，分别是《新闻记者》《国际新闻界》《新闻与传播研究》《新闻知识》；法学专业期刊有 6 种，分别是《中国法学》《法学》《人民司法》《河北法学》《法学研究》和《现代法学》。这 10 种期刊发表的有关新闻法制研究的单篇论文被引次数多，而且高被引论文篇次也最多，据此，本书将这 10 种期刊视为对我国新闻法制研究具有较强影响力的期刊，并将之作为本章的样本来源。下面首先简单介绍上述 10 种期刊，然后对样本获取与处理方法加以说明。

《新闻记者》1983年由上海社会科学院新闻研究所主办，现为上海报业集团主管，上海报业集团、上海社科院新闻所合办，是综合性学术月刊。《国际新闻界》的前身是中国人民大学新闻系编辑的《国际新闻界简报》。后者于1961年创刊，为介绍国际新闻界动态和有关资料的内部刊物，1965停刊，并于1979年恢复出版，1981年改为公开发行，先为季刊，后改为双月刊，现为综合性学术月刊。《新闻与传播研究》的前身是中国社会科学院新闻所主编的《新闻研究资料》。后者于1979年创办，前5辑为不定期出版，1981年改为季刊，1994年更名为《新闻与传播研究》，并于2008年和2013年相继改为双月刊和月刊，为综合性学术刊物。《新闻知识》是1984年由陕西日报社、陕西省新闻研究所、陕西省新闻工作者协会创办，为综合性学术月刊。

《中国法学》1984年由中国法学会直属的中国法学杂志社创办，是法学学术双月刊。《法学》1956年由华东政法大学创刊，1958年停刊并于1980年恢复出版，为法律理论类月刊。《人民司法》1957年由董必武同志倡议创办，创办之初为月刊，是最高人民法院机关刊物，2007年《人民司法》创办案例版并改为半月刊，上半月出版《人民司法·应用》，下半月出版《人民司法·案例》。《河北法学》1983年由河北政法职业学院与河北省法学会主办，为法学学术月刊。《法学研究》的前身是中国政治法律学会创办的《政法研究》。后者于1954年创刊，1957年转入中国社会科学院法学研究所并于1966年停刊。1979年《法学研究》正式恢复创办并于当年出版五期，自1980年为双月刊，1996年起单月出版。《现代法学》的前身是西南政法大学主办的《西南政法学院学报》。后者于1979年创办并于当年出版2期，1980年起每年出版4期，1982年更名为《法学季刊》，并于1988年更名为《现代法学》，现为法学理论双月刊。

从时间跨度上看，10种期刊创办时间较早，持续时间长，基本与本书所研究的改革开放以来的时期相吻合。从期刊属性上看，10种期刊均为学术性刊物，所刊登的文章具有较强的学术性、理论性和规范性，发表于这 10 种期刊上的新闻法制理论文章基本上能代表我国新闻法制理论的总体研究水平。从内容上看，这 10 种期刊虽然都不是以专门刊载新闻法制理论研究论文为主，但是，新闻传播学专业的 4 种期刊作为综合性学术期刊，均不断刊登一定数量的新闻法制理论文章，其中较特别的是《国际新闻界》，该刊 2005 年之前以刊登外国以及涉及外国与中国关系的文章为主，但其中仍不乏一些介绍国外新闻法制理论的文章；法学专业的 6 种期刊也都刊载新闻活动与法制相关的文章。除上述 10 种期刊之外，高校学报、其他公开发行的学术刊物以及已经停刊的学术刊物等也都发表过新闻法制研究的文章，并且还具有一定的学术影响力，如《中国记者》《当代法学》《中国人民大学学报》等期刊刊载的新闻法制理论文章被引篇次也相对较高。然而，综合考虑本书的研究对象、期刊刊载新闻法制理论文章的被引情况等因素，本书只将上述 10 种期刊作为本章的样本来源。

此外，根据本书第一章的研究结论，新闻法制研究高被引论文的引文中的学术论文除 1905 年的 1 篇未被 CNKI 数据库收录之外，其余 268 篇均来是 CNKI 数据库收录的论文，而未出现 CNKI 数据库中没有收录的论文。据此，本书认为，作为目前世界上最大的连续动态更新的中文期刊全文数据库，CNKI 数据库收录的论文是学界参考期刊论文的主要来源之一，而未被该数据库收录的某些期刊的论文的传播程度和作为参考文献使相关研究得以延续与深入的价值都会降低。因此，本章将样本来源设定为 CNKI 数据库收录的 1978 年至 2014 年上述 10 种期刊中关于新闻法制研究的全部论文，不再进一步抽样，对于 CNKI 遗漏的一些期刊的论文，由于传播的机率降低而对其后学者开展相关研究发挥的作用也相应降低，本书以不作补齐的方式处理。

本书将 1978 年至 2014 年设为检索年限，分别以"新闻"与"法"、"传播"与"法"、"新闻"与"权利"、"新闻"与"侵权"、"新闻"与"司法"、"传媒"与"司法"等为主题词和关键词对 CNKI 数据库收录的

《新闻记者》《国际新闻界》《新闻与传播研究》《新闻知识》《中国法学》《法学》《人民司法》《河北法学》《法学研究》和《现代法学》共10种期刊的论文分别进行交叉检索,并对检索到的论文进行筛选整理,去除重复发表的文章和消息、会议预告、新书推介等文章,最终得到1124篇新闻法制研究论文作为本章进行分析的样本,分析单元为整篇文章。样本的时间和期刊分布如下:

本章所选样本的时间跨度是1978年至2014年,平均每年的论文数量是31.22篇,2000年以及之前的论文数量是473篇,占样本总数的42%;2001年以及之后的论文数量是651篇,占样本总数的58%。其中,论文数量低于20篇的年份有8个;论文数量为20篇至30篇和30篇至40篇的年份分别有7个;论文数量为50篇至60篇的年份有5个;论文数量为60篇及以上的年份有3个,分别是1999年、2007年和2008年。

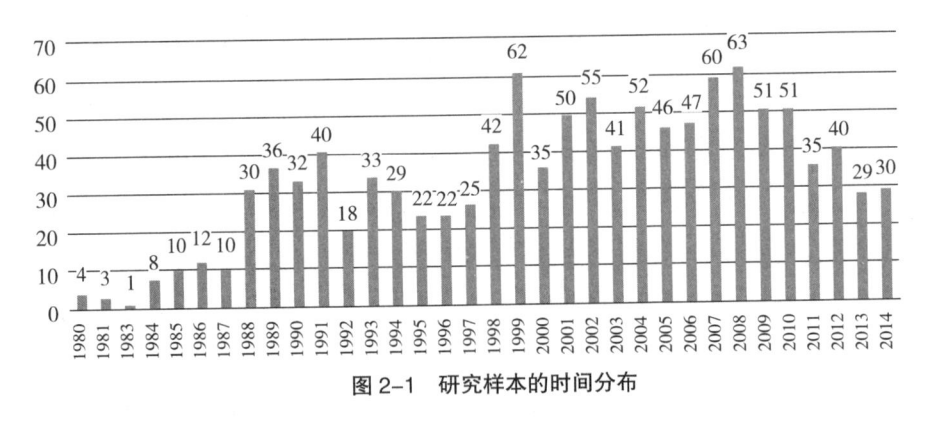

图 2-1　研究样本的时间分布

本章样本的来源期刊是4种新闻传播学专业期刊和6种法学专业期刊。来自法学专业期刊的论文为116篇,占样本总数的10%;来自新闻传播学专业期刊的论文为1008篇,占样本总数的90%。其中,来自《新闻记者》和《新闻知识》两种期刊的论文篇数最多,两者占到样本总数的70%,这说明相对于法学专业期刊,新闻传播学专业期刊刊载了较多数量的新闻法制研究论文。

表 2-1　研究样本的期刊分布

来源期刊	论文数量（篇）	所占比例
法学研究	4	0%
现代法学	14	1%
中国法学	16	1%
河北法学	18	2%
法　学	27	2%
人民司法	37	3%
新闻与传播研究	85	7%
国际新闻界	134	12%
新闻知识	351	31%
新闻记者	438	39%
总计	1124	100%

表 2-2　研究样本的期刊背景分布

期刊来源	论文数量（篇）	所占比例
新闻传播学专业期刊	1008	90%
法学专业期刊	116	10%
总计	1124	100%

二、研究样本的主题归类

内容分析的关键是建构一个周延、明确并且适合于研究问题的类目[①]，即对样本内容进行归类的体系。好的类目体系具有互斥性、穷尽性和可靠性的特点。其中，互斥性是指每个分析单元能够且只能够归为某一类别；穷尽性是指每个分析单元都可以归为某一个类别；可靠性是指

---

① 王石番：《传播内容分析法——理论与实证》，重庆：幼狮文化事业公司 1991 年版，第 171 页。

不同的编码员针对每一个分析单元归属的类别具有很高的一致性[①]。

论文主题是概括论文中关于某一具体议题的内容的概念，严谨规范的论文都会有较强的问题意识并将研究焦点集中在某一方面，即一篇论文会有一个比较清晰的研究主题。然而，选取一定数量的新闻法制研究论文详加考察便会发现，有些论文是由多个主题因素构成的，这对类目建构和编码提出了一些挑战。不过，目前针对新闻法制研究论文所作的探讨中，学术界已经形成了基本一致的主题归类方式，加之大多数论文有其侧重点，在对学术界已有的主题归类方式加以借鉴并进一步充实和完善的基础上，仍可建立相对准确的类目体系。

根据笔者掌握的资料，魏永征（1999）较早对中国新闻法制研究情况作了梳理，在纵向上将中国新闻法制研究划分为三个阶段，并对各个阶段研究成果的主题进行了梳理和介绍，大致的主题归类是：关于新闻立法的研究，即新闻立法的指导思想和基本原则等关于新闻立法各方面内容的讨论；关于新闻侵权的研究，即新闻失实与侵权、新闻报道的特许权、评论的侵权认定、新闻侵权责任的承担等；关于新闻活动权利的研究，即新闻自由的具体化如新闻报道和新闻批评的权利、新闻监督司法的权利等；关于新闻媒介行政管理的研究；关于新闻活动著作权问题的研究；关于外国新闻法制和中国新闻法制历史的研究；关于传播新技术法制的研究；关于新闻法的总体研究等。魏永征（2002）在对新闻法制研究情况进行梳理的另一篇文章中使用了类似的文献主题归纳方式，即综合性研究、新闻侵权研究、新闻权利与舆论监督研究、媒体管理法规研究和外国媒介法研究。

此后，其他学者考察新闻法制理论进展情况时对研究主题所作的梳理，大致上延续了魏永征教授的主题归类方式，如：林爱珺（2006）从新闻侵权研究、传媒与司法的关系研究、采访权及其邻接权（知情权）

---

① 〔美〕罗杰·D·维曼等：《大众媒介研究导论》，金兼斌等译，北京：清华大学出版社2005年版，第161页。

研究、新闻自由研究等几个方面概述了2004年至2005年我国新闻法制研究的主题情况；黄瑚等（2008、2011）从新闻侵权研究、传媒与司法的关系研究、新闻权利研究、国外新闻法制研究、我国新闻法制史研究等方面概述了我国2007年和2010年的新闻法制研究的主题情况；李文竹（2011）将我国近十年新闻法制理论的研究主题概括为新闻自由、新闻法制史、媒介侵权、媒体与司法、新闻权利研究和信息公开；蔡斐（2012、2013、2014）从新闻传播法制史研究、新闻立法研究、新闻言论自由研究、传媒与司法关系研究、新闻传播权研究、新闻侵权研究等方面连续三年概述了我国新闻法制研究的主题情况。

需要说明的是，除魏永征（1999）之外，上述其他学者均是考察新闻法制理论在某一个或几个年度的发展状况，考察时期较短。由于所考察时期内学术界对某个研究主题给予的关注较少，导致了上述学者归纳新闻法制研究主题时仅仅重点论述几个方面，而未涉及对其他方面的考察，如林爱珺（2006）和蔡斐（2014）未对所考察时间范围内的新闻法制史论和国外新闻法制研究状况加以说明。

表2-3 我国学者对新闻法制理论研究主题的归类方法

作者（年份）	文献主题
魏永征（1999）	新闻立法研究（新闻立法的指导思想和基本原则等）； 新闻侵权研究（新闻失实与侵权、新闻侵权的评定和责任承担等）； 新闻活动的权利研究（新闻采访权、新闻报道权、新闻评议权等）； 媒体行政管理研究； 外国新闻法制研究； 中国新闻法制历史研究； 新闻法的总体研究（新闻法相关原理的阐述）。
魏永征（2002）	综合性研究（新闻法律关系等）； 新闻侵权研究（新闻真实与法律真实、新闻失实、新闻官司、新闻诽谤、虚假新闻、有偿新闻、公众人物与新闻侵权等）； 新闻权利与舆论监督研究（舆论监督的作用、新闻与司法的关系、媒介审判、暗访和偷拍偷录等）； 媒体管理法规研究； 外国媒介法研究等。

续表

作者（年份）	文献主题
姜红（2004）	新闻自由与私权研究（新闻侵权等）； 新闻自由与公权研究（媒体审判、舆论监督等）； 新闻自由及相关权利的研究（知情权、新闻采访权等）； 国外新闻与法的研究等。
林爱珺（2006）	新闻侵权研究（新闻官司、新闻真实与法律真实和客观真实、新闻源保护权、善意批评权、隐私权、隐性采访、肖像权等）； 传媒与司法的关系研究； 采访权及其邻接权（知情权）研究； 新闻自由研究等。
黄瑚、杨朕宇（2008）	传媒侵权研究（传媒侵犯名誉权、隐私权和肖像权、隐性采访等）； 传媒与司法的关系研究（司法独立与传媒监督、媒介审判）； 新闻权利研究（新闻采访权、评议权、知情权与政府信息公开等）； 新闻法教学研究； 国外新闻法制研究； 我国新闻法制历史研究等。
黄瑚、杨秀（2011）	新闻侵权研究(言论自由与名誉权、公众人物的隐私权和名誉权等)； 传媒与司法的关系研究（司法独立与传媒监督、媒介审判等）； 新闻权利研究(新闻采访权、知情权、拒证权、媒体司法报道权等)。
李文竹（2011）	新闻自由研究；新闻法制史研究；媒体侵权研究；基本权利研究； 媒体与司法研究；信息公开研究等。
蔡斐（2012）	新闻传播法制史研究； 新闻（言论）自由问题研究； 新闻立法研究； 传媒与司法问题研究； 新闻传播权利研究（采访权、知情权、拒证权、新闻侵权等）。
蔡斐（2014）	传媒与司法关系研究（隐匿权、庭审直播、公开审判等）； 新闻传播权研究（新闻侵权、滥用言论自由的规制等）； 新媒体传播法律规制（新闻立法、新闻侵权）等。

参照上述学者对新闻法制理论研究主题的分类方法，再结合本书的研究对象和我国新闻法制理论研究的具体特征和实际状况，本书将新闻法制论文的研究主题归纳为八类，具体构建的类目体系如下：

表 2-4 类目体系

研究主题	包含的具体议题
新闻立法	是否需要制定新闻法；制定新闻法的背景；制定新闻法的过程；制定新闻法的原则、路径和面临的困难；其他。
新闻活动与执法的关系	与新闻活动相关的执法事项；新闻活动与执法活动的关系及互动；其他。
新闻活动与司法的关系	与新闻活动相关的司法事项；新闻（舆论）监督与司法独立；新闻（舆论）监督与司法公正；媒体审判；审判公开；其他。
新闻权利	新闻采访权；新闻报道权；新闻评议权；为消息来源保密权；拒证权；舆论监督权；其他。
新闻义务	新闻机构及新闻记者应履行的社会责任；其他。
新闻侵权	如新闻活动侵犯公民名誉权、隐私权、肖像权等人格权利；新闻侵权的构成要件；新闻侵权的诉讼与预防；新闻侵权的抗辩事由；新闻侵权的损害赔偿等议题；隐性采访；有偿新闻；其他。
新闻法制综合	新闻法制发展历程的回顾；新闻法制的综合状况；其他。
其他	对新闻事业、新闻机构、特殊新闻和信息的发布、涉外新闻活动等方面的行政管理；新闻法制教学教材；法制新闻报道中的法律关系等。

其中：（1）新闻立法研究、新闻活动与执法的关系研究、新闻活动与司法的关系研究，是根据法律运作的完整过程与新闻活动的关系所作的归类。（2）新闻权利研究、新闻义务研究和新闻侵权研究，是根据新闻权利与义务关系所作的归类。（3）一些综合考察新闻权利与义务关系的论文，依据论文的主要侧重点将其归入新闻权利或新闻义务类。（4）鉴于考察新闻法制历史和国外新闻法制状况的论文均具有一定的侧重点，本书在类目体系中没有区分论文所考察的时期和国别，如将分析单元《美国司法与传媒关系动向》（2014）归入"新闻活动与司法的关系"类别，最后再从整体上根据时期和国别进行分析。（5）将一些不容易区分研究主题的论文，归入到相应类别的"其他"中，没有相对集中的研究主题的论文归入"其他"类别的"其他"中。

需要说明的是，本书在依照上述类目体系考察我国新闻法制研究主题的基础上，还从研究性质、研究国别、研究时期和研究层面四个角度作了进一步分析。

首先，依照研究性质将中国新闻法制理论文献归纳为基础研究和应用研究两类。其中，新闻法制理论的基础研究是指以考察新闻法制领域相关的前沿问题、探索新知识、创建新理论等为主旨的研究，是新闻法制理论发展的根基，其价值在于探索新闻法制发展的一般规律，发现和开拓新的议题，提出新思想、新观点和新论据；新闻法制的应用研究是指通过应用基础理论及其有关知识，研究新闻活动中涉及法律的一些重要问题，以及促进新闻活动正常有序开展和解决该过程中亟需应对的问题，为政府决策和相关法律制定提供咨询与建议。

其次，依照研究国别将中国新闻法制理论文献归纳为国内新闻法制研究、国外新闻法制研究、国内外新闻法制对照或对比研究三类。其中，国内新闻法制研究还包含对中国大陆新闻法制状况的研究和对港澳台地区新闻法制状况的研究；国外新闻法制研究包含对单独某个国家新闻法制状况的考察和对某些国家新闻法制状况的综合考察。

再次，依照研究时期将中国新闻法制理论文献归纳为中国新闻法制历史研究和中国当代新闻法制研究两类。其中，本书将学术界以1978年之前的新闻法制状况为对象展开的研究归为中国新闻法制历史研究，将学术界以1978年即改革开放之后我国各界人士提倡新闻立法以来的新闻法制状况为对象展开的研究归为中国当代新闻法制研究。

最后，依照研究层面将中国新闻法制理论文献归纳为微观具体问题研究和宏观抽象问题研究两类。其中，新闻法制理论的微观具体问题研究是指以新闻法制研究领域内的某个具体议题或议题的某个方面为对象开展的深入细致的研究，是新闻法制理论提升和发展的基础；新闻法制理论的宏观抽象问题研究是指以对新闻法制状况具有全面影响的问题为对象从整体上所作的研究。

三、研究主题的描述与分析

（一）从论文数量看，新闻法制理论的研究主题分布较不均衡

新闻法制理论的八类主题中，新闻侵权研究明显地占据主流地位，其次是新闻权利研究，探讨两者的论文分别是410篇和209篇，再将有关新闻义务研究的118篇论文计入其内，三者占样本总数的比例高达66%。由此可见，研究者相对重视新闻权利与义务关系的主题并对其作了较多探讨，新闻权利与义务关系是我国新闻法制研究最主要的内容。其中，新闻侵权研究较多的现象说明我国新闻法制研究具有较强的问题导向性，这与我国民法规定中对新闻侵权的一些问题所作出的规定相对明确和健全也有关系。与此形成鲜明对比的是，研究者对新闻活动与执法的关系给予的关注最少，以该主题作为研究焦点的论文仅有3篇。除此之外，学术界对新闻立法，以及包含新闻媒介行政管理和新闻法制教育等的其他主题所作的研究也相对较少。

表 2-5 新闻法制理论研究各类主题论文的数量情况

研究主题	论文数量（篇）	所占比例
新闻立法	49	4%
新闻活动与执法的关系	3	0%
新闻活动与司法的关系	100	9%
新闻权利	209	19%
新闻义务	118	10%
新闻侵权	410	36%
新闻法制综合	154	14%
其他	81	7%
总计	1124	99%

（二）从论文分布的时间看，新闻法制理论八类主题的研究趋势大致相似

从法律运作的完整过程与新闻活动关系的研究论文的逐年分布状况来看，新闻立法研究基本上保持均衡状态，各年度论文数量都在10篇以内，尽管数量较少，但是该类论文分布的时间范围较大。最早的一篇论文发表于1980年，之后几年内均未有相关论文，这种论文分布情形与我国学者提出的新闻法制理论的"第一阶段的研究是围绕起草《新闻法》展开的，时间范围大致是1979年至1988年"[①]的研究阶段划分有所不同，这与样本选择有一定的关系，同时还与我国早期对新闻立法的探讨主要以各界人士在两会上提出议案、提案、建议，以及各类学会通过座谈会等方式聚集在一起交流、讨论的方式展开有关。这种现象反映了我国正式开展新闻立法讨论的理论支撑、政策支撑和案例支撑都有所不足，尚未做好充分准备，所以只能号召性、建议性地表述新闻立法问题，而大篇幅的学术论证和实证研究，则需要较高的理论表述、归纳和论证能力，也需要较为扎实的实证研究，我国这两方面的条件还比较欠缺。我国新闻立法应与国家的新闻体制、司法制度即国情相适应，完善的新闻法规需要有健全的执法机制做保障[②]。新闻活动与执法关系的论文数量最少并且出现时间较晚，相对于此，专门探讨新闻活动与司法关系的论文数量较多且延续性强，自1998年至2014年这一阶段每年均有两篇以上相关论文，且1998年度的论文数量就多于1978年至1997年该类论文数量总和。

---

① 徐培汀：《中国新闻传播学说史 1949—2005》，重庆：重庆出版社2006年版，第343—347页；魏永征：《中国新闻法学研究的回顾与前瞻》，2011年7月20日，法律教育网（http://www.chinalawedu.com/new/16900a170a2011/2011720caoxin132441.shtml），2012年12月20日查阅；孙晓红：《改革开放以来中国大陆的新闻法研究》，《新闻知识》2009年第6期，第13—15页。

② 浦增平：《建立具有中国特色的新闻执法机制》，《新闻研究资料》1991年第2期，第15—23页。

从新闻权利与义务关系研究论文的逐年分布状况来看，新闻权利研究自1984年开始每年均有一定的数量论文，并于1988年至1989年形成了第一个高峰期，而该时期新闻侵权研究论文的数量也是最多的，研究者在探讨保障记者新闻权利的同时对日益增多的新闻侵权问题给予了较多关注，这种论文分布情况与我国学者提出的新闻法制理论的"第二阶段的研究重点是新闻侵权问题，这一阶段始于20世纪90年代初"[①]的观点是一致的。新闻义务研究论文自1998年开始每年都保持一定的数量，且这种趋势与新闻权利研究论文的数量变动趋势大体一致。1984年至2014年的30年内每年均有一定数量的新闻权利研究论文和新闻侵权研究论文，说明这两大主题在新闻法制理论研究中具有稳定的适应性。

从新闻法制理论研究论文的整体时间分布来看，除新闻侵权研究自1988年开始每年均有较高数量的论文之外，其他七类主题的论文自1998年、1999年至2014年的数量明显高于1978年至1998年20年的论文数量，并且具有较强的持续性。这与学界划分的"第三阶段是新闻法制研究新的活跃期，表现为研究的深化和综合，时间跨度为20世纪90年代后期至今"[②]相吻合，新闻法制理论各类主题的研究均得到了研究者的关注和探讨。

[①] 徐培汀：《中国新闻传播学说史1949—2005》，重庆：重庆出版社2006年版，第343—347页；魏永征：《中国新闻法学研究的回顾与前瞻》，2011年7月20日，法律教育网（http://www.chinalawedu.com/new/16900a170a2011/2011720caoxin132441.shtml），2012年12月20日查阅；孙晓红：《改革开放以来中国大陆的新闻法研究》，《新闻知识》2009年第6期，第13—15页。

[②] 徐培汀：《中国新闻传播学说史1949—2005》，重庆：重庆出版社2006年版，第343—347页；魏永征：《中国新闻法学研究的回顾与前瞻》，2011年7月20日，法律教育网（http://www.chinalawedu.com/new/16900a170a2011/2011720caoxin132441.shtml）2012年12月20日查阅；孙晓红：《改革开放以来中国大陆的新闻法研究》，《新闻知识》2009年第6期，第13—15页。

（三）从论文分布的期刊看，新闻法制理论八类主题的分布差异明显

相对于新闻法制理论的其他主题，关于新闻侵权研究和新闻活动与司法的关系研究的论文在法学专业期刊上所占的比例是最高的，这两类研究主题的论文占到法学专业期刊上刊载的新闻法制研究论文总数的70%，而法学专业期刊则较少刊载新闻法制理论相关的其他六个主题的研究论文，反映了法学专业期刊这一学术平台在传播新闻法制研究成果方面所作的贡献具有较强的倾向性和针对性。新闻传播学专业期刊对新闻活动与执法的关系研究之外的新闻法制理论的七大主题给予的关注相对均衡，其中与法学专业期刊相似的是，新闻侵权研究论文在该类期刊上所占的比例也是最大的；与法学专业期刊不同的是，新闻权利研究、新闻义务研究和新闻法制综合研究三大主题相关的论文在新闻传播学专业期刊上所占的比例均高于新闻活动与司法关系研究的论文所占的比例。这说明，两类不同学术背景的专业期刊在推进新闻侵权研究发展上均给予了较多的重视，但是在推进新闻活动与司法关系研究发展方面法学专业期刊给予了较多关注，而新闻传播学专业期刊则更多地兼顾了新闻法制理论各个方面研究主题的均衡发展。

（四）从论文的研究性质看，新闻法制理论的应用研究相对匮乏

探讨新闻法制理论各类主题的论文的研究性质，总的来说可以分为两类：一是基础研究，占到本章样本总体的96%；二是应用研究，相关的论文数量较少，仅有44篇，且绝大多数刊载在新闻传播专业期刊上。其中，应用研究方面的论文主要集中在探讨新闻侵权问题上，其次是对新闻立法、新闻义务和新闻权利相关问题的考察，是专门就如何解决现实新闻法制问题而提出的政策或法律制定的建议。而所谓的基础研究也并不仅仅是对相关理论问题及思想观点的单纯释析，相当一部分新闻法制研究论文都包含着对解决相关问题提出建议与对策方面的内容，这是我国研究者将理论知识与实践发展相结合时经常使用的方式之一，例

如:《基于新闻媒体的法律监督的探讨》(陈刚等,2011)一文探讨了新闻媒体的权力该由谁来制约,以及如何制约新闻媒体的权利才能使其更好地发挥监督作用,该文是基础理论研究论文,但是在文章的"法律如何监督新闻媒体"部分,该文在立法层面提出了相应建议,指出"只有尽快建立健全新闻法律体系,才能有效地实现法律对新闻媒体的监督"[①],这是从立法层面提出的应用性建议。除此之外,关于新闻侵权研究的一些基础研究论文也往往会包含类似的立法建议等应用性的内容。

(五)从论文的研究时期看,新闻法制历史的研究被关注程度相对较低

相对于考察改革开放以来新闻法制状况的论文而言,以新闻法制历史作为研究对象的论文数量非常少,仅有27篇,并且仅有1篇刊载在法学专业期刊上。其中,对古代和近、现代新闻法制状况加以考察的论文数量大体一致,相关研究以对所考察时期统治者对新闻活动进行管理和控制的综合情况进行全面考察为主,还有一些是对不同时期新闻言论自由状况的描述和评议。研究新闻法制历史的论文基本上以概述介绍为主,较少有理论方面的探讨。

(六)从论文的研究地域看,针对西方国家新闻法制状况所作的考察较多

除去探析我国香港和台湾地区法制状况的9篇论文和对中国与其他国家新闻法制状况对比分析的11篇论文之外,专门对国外新闻法制状况进行研究的论文有129篇,以研究美国和英国新闻法制状况的论文数量居多,其次是探讨资本主义国家多个国家和法国、德国等其他国家的新闻法制状况的论文。该类论文也以刊载在新闻传播学专业期刊上为主。

---

① 陈刚、郭琳、张强:《基于新闻媒体的法律监督的探讨》,《新闻知识》2011年第12期,第77—79页。

其中，以英美两国新闻法制状况为研究对象的论文多围绕着新闻侵权、新闻权利和新闻司法等研究主题展开，理论方面的探讨较多；而把英国和美国之外的其他某个或多个国家作为对象的论文则多是考察这些国家新闻法制的综合状况，以描述和介绍为主。

（七）从论文的研究层面看，新闻法制理论的宏观抽象问题研究相对较少

探讨新闻法制理论各类主题的论文，其研究层面可以归纳为两类：一类是微观具体问题研究，这是新闻法制理论研究所考察的主要层面；另一类是宏观抽象问题研究，该类论文数量相对较少，仅有118篇，但是相对于应用研究、新闻法制历史研究方面的论文而言，法学专业期刊刊载的新闻法制理论宏观研究论文数量较多。其中，宏观抽象问题方面的论文主要探讨的是新闻法制相关的综合、全面性的问题，其次是新闻立法和新闻权利方面的问题。例如《法学》所载的《新闻自由与新闻立法》、《河北法学》所载的《新闻媒体的公权力与社会权力》，以及《现代法学》所载的《论表达自由》和《新闻立法刍议》等论文。然而，新闻侵权研究的论文虽然在新闻法制研究论文中所占的比重最大，但是关于新闻侵权的研究论文基本上是以探讨微观具体议题为主，尚未提升到宏观研究的层面。

第二节 基于相关专著分析我国新闻法制理论的文献主题

专著也被称为学术专著、学术著作等，是对社会科学、自然科学的某一学科、某一知识领域，从理论上作专门、系统地分析、研究的图书。与期刊论文相比，专著具有全面性和系统性的特点。其中，全面性指与单篇论文相比，专著的篇幅更大、论述更为全面，或者专著本身就是对于所论述问题的单篇论文的整理、加工和提高；系统性指专著是基于作者经过长期推敲和深思熟虑形成的想法或观点的集纳，一般而言，专著对问题的研究更深入，对事物本质的分析更透彻，对学术观点的阐述也更充分。一般而言，专著的全面性与系统性相辅相成，由此达到比较深刻完备的科学性、成熟性和稳定性。相对于论文而言，专著对于学术思想的发展和社会的发展具有长远的指导意义[①]。

从引文的角度来看，人文社科期刊中的论文引用图书的数量要大于引用学术论文的数量，图书文献约占全部引用文献的2/3左右，这说明了对于人文社会科学研究而言，图书资源更加重要[②]。苏新宁（2011）还指出，某一领域的图书被引比例越高，往往表明该领域的学科发展越成熟[③]。据此观点来看本书第一章的结论，我国新闻法制研究高被引论文引用的中文文献中，图书所占比例高达引文总数的60%，其中以专著的数量居多，这一情况从侧面反映了我国新闻法制研究对图书尤其是专著的倚重程度较高。

结合专著自身对学术思想发展所发挥的重要作用以及我国新闻法制理论研究对专著倚重程度较高的实际情况来看，以新闻法制理论专著为研究样本，由此对其所探讨的研究主题加以考察，是了解我国新闻法制理论的整体发展状况的一个有效途径。

一、研究样本的获取与确立

本书将我国1978年至2014年出版的新闻法制理论专著作为研究样

[①] 曾昭禹：《谁说"专著不如论文"》，《中国社会科学报》2013年4月19日第A07版。

[②] 张静：《人文社科期刊中的引文现象分析》，《社会科学管理与评论》2008年第2期，第18—22页。

[③] 苏新宁：《中国人文社会科学图书学术影响力报告》，北京：中国社会科学出版社2011年版，第12页。

本，首先通过查阅历年《中国新闻年鉴》的"本年度著作栏目"和《中国新闻传播学研究最新报告（2006—2014）》一书中"各年度新闻传播学术著作与教材概况"章节，筛选出其中列举的新闻法制理论专著，并在研究进行过程中根据各种参考资料所引用的文献进一步寻找，以做到尽可能全面地收集我国新闻法制理论专著。综合使用上述多种方法，本书将收集到的我国出版的新闻法制理论专著共计190余本作为研究样本。样本具体信息见附录表2。

二、研究样本的主题归类与描述分析

鉴于该部分的目的是通过学术专著透视新闻法制理论各类主题的研究现状，而研究样本中既包含专门探讨某类主题的专著，如孙旭培的《新闻侵权与诉讼》（人民日报出版社1994年版）和田大宪的《新闻舆论监督研究》（中国社会科学出版社2002年版）等；又包含更为细致的探讨某一具体议题的专著，如顾理平的《隐性采访论》（新华出版社2004年版）和林爱珺的《知情权的法律保障》（复旦大学出版社2010年版）等；还包含全面探讨新闻法制多个主题的专著，如吴飞的《大众传播法论》（浙江大学出版社2004年版）和郑保卫的《新闻法制学概论》（清华大学出版社2009年版）等，因此，采用考察期刊论文时的内容分析方法对新闻法制理论研究专著进行描述与分析有一定的难度且缺乏可操作性。

目前国内学术界对新闻法制研究专著进行专门梳理和分析的研究成果数量不多。在新闻法制研究综述文章中，只有个别学者以较多的篇幅介绍了我国新闻法制研究专著的基本情况，如魏永征（2002）在考察2001—2002年我国媒介法研究状况时，以综合性研究、媒介侵权研究、新闻权利与舆论监督研究、各类媒体管理法规研究和外国媒介法研究作为分类方式，对相关的研究成果作了梳理，相对于其他的新闻法制研究综述文章而言，该文对与上述研究主题相关的专著给予了较多关注和论述。而专门对新闻法制研究专著进行梳理分析的研究成果，笔者所见仅有孙晓红所撰的《改革开放以来中国大陆的新闻法学研究》（2009）一文。该文以专著和教材作为观察点，将新闻法制研究主题分为法制新闻研究、新闻侵权研究、新闻传播法研究、新闻传播法制史研究、外国新闻法治研究、信息公开研究和其他研究等七类主题，并就各类主题已出版的专著和教材作了梳理和简要分析。

详细考察本书收集到的研究样本，参照前文对期刊论文研究主题的归类方式和已有学者考察新闻法制研究专著时的主题归类方式，本书将新闻法制研究专著的主题划分为新闻权利研究、新闻义务研究、新闻侵权研究、新闻活动与司法的关系研究、新闻法制综合性研究和其他研究共六个类别。首先，期刊论文研究主题中的新闻立法和新闻活动与执法的关系研究两类在专著文献中未被单独归为一类，这是因为，还没有专门将新闻立法研究作为研究对象的专著，但是在探讨新闻法制其他主题的专著中却或多或少都包含对新闻立法问题的思考，也没有将新闻活动与执法的关系作为研究主题的专著，所以，这两类研究主题在该部分不足以构成单独的文献主题类别。其次，鉴于对新闻法制发展历程的回顾性研究需要全面考察我国历史上新闻法制的综合状况，因此在考察期刊论文时将其归入了新闻法制综合类别中，为了与其保持一致，此处不将新闻法制历史研究划为独立的类别，而是将其置于新闻法制综合类别中加以考察。再次，有关国外新闻法制状况的探讨，除了对其进行综合考察的研究之外，还有一些专著是对国外新闻法制的某一方面所作的分析，因此将其归入相对应的研究主题范围，而不再单列国外新闻法制研究这一主题。

下文就对前述六类研究主题的新闻法制专著的基本情况进行分别考察。

（一）新闻权利研究

关于新闻权利研究的专著，既对如何保障新闻权利作了充分探讨，也对如何防止新闻权利的滥用给予了一定关照。中国新闻学会编著的《新闻自由论集》(1988)一书收录了改革开放以后我国最初的一批论述新闻自由的文章，虽然不是某个学者就新闻自由权利所作的系统研究，但不失为我国早期探讨新闻权利问题不可多得的文献资料。学术界在探讨新闻权利的问题时，借鉴与参考较多的文献以研究表达自由的相关专著居多，如《论表达自由》(甄树青，2000)一书对表达自由作了合理的定位并系统讲述了表达自由的概念，是研究新闻自由问题的重要参考资料。又如《表达自由的法律保障》(陈欣新，2003)一书在论述中包含对新闻自由问题的阐述，其中在表达自由的法律限制一章中还以专节的形式讨论了"新闻特权"问题。这一主题方向的其他著作还有《表达自由的法理》(侯健，2008)、《通向新闻自由与法治的途中——孙旭培自选集》(孙旭培，2013)和《论社会主义新闻自由》(丰纯高，2014)。此外，《知情权的法律保障》(林爱珺，2010)一书也是探讨新闻权利问题的重要参考资料。法律对正当新闻权利加以保护的同时，也需要对权利滥用现象加以规范与禁止，其中包含隐性采访的不合理运用问题，学术界就此问题进行系统全面研究的专著主要有《暗访与偷拍：记者就在你身边》(徐迅，2003)和《隐性采访论》(顾理平，2004)，这两本专著对隐性采访涉及的法律问题作了深入探析。

（二）新闻义务研究

关于新闻义务研究的专著，基于享有新闻权利与履行新闻义务相辅相成的关系，对新闻机构及其工作者所应履行的义务与应遵守的新闻职业道德规范等作了探讨。《新闻权利与新闻义务》(顾理平，2010)一书，是以新闻权利和新闻义务作为研究对象的理论性较强的专著。该书力求用客观公允和求是务实的立场，注重权利和义务的平衡，既强调新闻权利的合理性，又突出新闻义务的必要性，为对这些学理问题更加深入的探讨树立了一种好的风范①。同时，探讨有关新闻机构及其工作者所应履行义务的内容在研究新闻职业规范的相关专著中也有所体现，如：《新闻道德与法规：对媒介行为的规范的思考》（陈绚，2005）、《传播法规与伦理》（戴永明，2009）和《艰难的新闻自律——我国新闻职业规范的田野调查/深度访谈/理论分析》（陈力丹等，2010）等。《媒体责任与公信力》（中共广州市委，2006）一书中有关新闻媒体在构建和谐社会中的重要责任的内容从某种意义上来看实为对新闻机构及其工作者所以履行的责任和义务的探讨。此外，以新闻伦理作为研究对象的《传播伦理学》（陈汝东，2006）、《制度视野中的媒介伦理：职业主义与英美新闻自律》（商娜红，2006）、《新闻伦理与规制》（李衍玲，2008）等专著有关新闻伦理的章节都对新闻义务进行了分析。

（三）新闻侵权研究

我国关于新闻侵权研究的理论专著最早发端于新闻传播学领域，之后关于新闻侵权具体议题的专著数量越来越多，案例分析法在该类主题研究中得到较多运用。新闻学者撰写的《被告席上的记者——新闻侵权论》（魏永征，1994）和《新闻侵权与诉讼》（孙旭培，1994）先后出版，是新闻侵权研究的第一批学术专著。法学学者在探讨人格权问题时往往兼及对新闻侵权问题的考察，如《人格权法新论》（王利明，1994）、《人身权法论》（杨立新，1996）、《名誉权的法律保护》（张新宝，1997）、《隐私权的法律保护》（张新宝，2004）等。法学学者专门探讨新闻侵权问题的专著，早期有《新闻侵权法律词典》（王利明，1994）、《人格权与新闻侵权》（王利明、杨立新，1995）和《新闻侵权与赔偿》（董炳和，1998）等。学术界相继出版的探讨新闻侵权的专著还有：《舆论监督与新闻纠纷》（王强华、魏永征，2000）、《新闻媒介侵权损失赔偿》（曹瑞林，2000）、《希望工程状告香港壹周刊》（徐迅，2000）、《新闻侵权

---

① 童兵：《一部研究新闻法律关系的力作》，《新闻与写作》2011年第6期，第38—39页。

热点问题研究》(郭卫华，2000)、《新闻媒介侵权损害赔偿》(曹瑞林，2000)、《新闻侵权：从传统媒体到网络》(张西明、庚长庆，2001)、《新闻侵权法律制度研究》(田韶华，2001)、《向传媒讨说法：媒介侵权法律问题》(魏永征，2001)、《新闻侵权与法律责任》(顾理平，2001)、《新闻侵权法律制度研究》(田韶华、樊鸿雁，2002)、《中国新闻侵权的第四次浪潮——一名记者眼中的新闻法制与道德》(徐迅，2002)、《舆论监督与名誉权问题研究》(侯健，2002)、《新闻侵权》(卢大振、卢建明，2004)、《新闻侵权及其预防》(郝振省，2008)、《新闻(媒体)侵权研究新论》(徐迅，2009)、《大众传播活动侵犯人格权的归责原则研究》(张鸿霞，2012)、《中国内地与香港媒体诽谤问题比较研究》(白净，2012)、《中国媒体侵权责任案件法律适用指引》(杨立新，2013)、《负责任报道与媒体特权免责的平衡——论英国诽谤法中特权免责对我国的启示》(王伟亮，2013)、《表达自由视野下的新闻侵权研究——以美国宪法第一修正案为参考》(吴秋余，2013)《新闻媒体有效利用与适度控制的法制化研究》(郑文明、杨会永，2013)和《媒体诽谤侵权责任研究》(岳业鹏，2014)等。

  探讨新闻侵权问题的著作较多采用了案例分析方法，学术界撰写的对新闻侵权案例进行详细阐析的专著主要有《新闻官司——典型案例通讯报告选》(魏永征、吴元栋，1993)、《无冕之王走上被告席》(王瑞明、董伊薇、罗东川，1993)、《中国新闻官司20年(1987—2007)》(刘海涛、郑金雄、沈荣，1999)、《新闻官司防范与应对》(李成连，2002)、《中国新闻侵权判例》(高秀峰、谷辽海、王霁虹，2002)、《"起诉"媒体》(杨磊、周大刚，2006)、《中国新闻(媒体)侵权案例精选与评析50例》("中国新闻侵权案例精选与评析"课题组编著，2009)和《新闻纠纷与规避》(石屹，2010)等，《舆论监督与新闻纠纷》(王强华、魏永征，2000)一书的下编也评选了大众传播媒介侵权纠纷的62则个案。《媒体、法律与市场》(陈志武，2005)一书，与上述详细阐析新闻法制案例的专著所不同的是，其"新闻自由与市场发展"部分论述有关媒体诉讼案例的同时，还采用实证研究的方法对210个媒体的诉讼案例进行了系统性分析[①]。

（四）新闻与司法关系研究

有关新闻与司法关系研究的专著，以探讨新闻舆论监督与司法独立和司法公正问题的相关内容为主，总体数量相对较少。《中国媒体监督与司法公正关系问题研究》（姚广宜，2013）一书是对新闻媒体监督与司法公正关系问题所作的探讨，新颖之处体现为该书通过实证研究的方法，以新闻舆论监督状况调查数据的形式呈现了我国新闻监督与司法公正所处的现状。相关的专著还有：《新闻监督与司法独立关系研究》（王艳，2004）、《传媒与司法》（康为民，2004）、《传媒与司法》（卞建林、焦洪昌等，2006年）、《法院与媒体》（怀效锋，2006）、《媒介与司法：一种理论的视角》（李进慧、武建敏，2009）、《法治视野下的司法传媒和谐论》（李缨、庹继光，2009）和《公开与公平的博弈：美国最高法院如何平衡新闻自由与审判公正》（赵刚，2012）等。

（五）新闻法制综合研究

对新闻法制综合状况加以研究的专著，主要是采取泛论的研究态度，对我国的新闻法律制度作全貌性概述。早期对新闻法制状况进行的论述，主要是在一些新闻学专著中设立的专门章节，如《当代新闻学》（郑旷，1987）、《新闻学导论》（郑保卫，1990）等专著中都有一定的章节篇幅对我国新闻法制发展状况加以总体论述。对新闻法制发展状况进行较为系统论述的专著出版于20世纪90年代以后，主要有：《新闻法制学初论》（曹瑞林，1998年），该书对新闻法制的总体考察仅仅体现在内容总论部分，但其对创立新闻法制理论框架作出了有益尝试；《中国新闻

[①] 陈志武：《媒体、法律与市场》，北京：中国政法大学出版社2005年版，第21—104页。

传播法纲要》(魏永征，1999)一书以"述而不作"为体例，系统阐述了我国现行（截至1999年8月）法律体系中关于新闻活动的法律规范[①]；《新闻法学》(顾理平，1999)，该书对我国新闻法学理论进行了比较系统的研究。此后陆续有《大众传播的法律制度》(慕明春、孙晓红、罗鹏，2001)、《授权与限权：新闻事业与法治》(陈堂发，2001)、《新闻法新论》(魏永征，2002)、《大众传播法论》(吴飞，2004)、《传播法》(雷瑞琴，2005)、《大众传播法学》(魏永征、张鸿霞，2007)、《新闻法制理论研究》(王建国，2007)、《新闻法新探》(张诗蒂、吴志伟，2008)、《新闻传播法学》(孙旭培，2008)、《传播政策与法规》(王军、郎劲松，2008)、《自由与法制框架下的新闻改革》(孙旭培，2010)等学术专著先后出版，这些专著或探讨如何平衡信息流通自由与传播内容管制的关系，或通过新闻活动与人身权保护、新闻事业法治及行政监管等方面来研究新闻事业与法律的关系，或通过探索法制新闻报道的特点和规律来考察如何促进新闻法制局面的形成，其所涉及和论述的范围，已经比较全面地覆盖了我国新闻法制的所有领域和大部分现实问题。

研究新闻法制史和国外新闻法制状况的专著中，一些是对我国历史上或者其他国家的新闻法制的整体状况的综合考察，而并非是针对某个研究主题所作的专门论述，因此本书也将这类专著视为新闻法制综合研究的成果。

其中，考察我国新闻法制历史的专著中，《中国近代新闻法制史论》(黄瑚，1999)是我国最早的一本研究中国新闻法制史的著作[②]，作者全面收集材料、梳理历史线索，以通史型的体例，系统评述了晚清至南京国民政府各个时期的新闻法制。之后出版的相关专著还有：《中国报刊法制发展史》(倪延年，2006)，包含"古代卷""现代卷""当代卷"和"史

[①]《〈中国新闻传播法纲要〉介绍》，《新闻知识》1999年第11期，第11页。
[②] 丁淦林，《中国近代新闻法制史论序》，黄瑚：《中国近代新闻法制史论》，上海：复旦大学出版社1999年版，第1页。

料卷";以及《中国近代新闻法制史》(马光仁,2007)、《清末民初新闻出版立法研究》(殷莉,2007)、《中国新闻法制史》(倪延年,2013)等。此外,与上述专著不同的是,《中国当代新闻传播法制史论》(陈建云,2005)一书以我国当代新闻传播法制为研究对象,涉及新中国新闻传播法制的历史渊源、新中国新闻传播法制建设的有益尝试与基本停顿、新时期新闻传播法制建设的逐步开展、新闻传播法制建设历程与立法前瞻等多方面的内容。

考察国外新闻法制综合状况的专著中,《现代西方新闻法制概述》(刘迪,1998)一书通过现代社会与新闻法、知情权与新闻自由、市民生活与表现权利、新闻机构的利用权与社会责任共计4个部分16章的篇幅,概述了欧美国家及日本新闻法的要点。之后出版的相关专著还有:《英美新闻法制与管理》(宋克明,1998)、《广播电视新媒体政策法规研究——国外法规与评价研究》(陈晓宁,2001)、《西方传媒的法制、管理与自律》(魏永征、张咏华、林琳,2003)、《平衡与妥协——西方传媒法研究》(吴飞,2006)、《张力与限制新闻法治与自律的比较研究》(张西明,2007)、《当代西方传媒制度》(郑涵、金冠军,2008)等。

(六)新闻法制其他问题研究

关于新闻法制其他问题研究的专著,是指无法精确纳入上述各类研究主题的专著,数量相对较多,研究内容也非常宽泛,主要有新闻法制与新闻政策研究、舆论监督和表达自由本体问题研究等较为具体的议题,在对这些议题加以探讨的专著中一般会涉及上述新闻侵权、新闻与司法关系等主题的内容,鉴于其并非是直接对上述研究主题的探讨且无法明确将其纳入某一具体的研究主题,此处将这些专著归入其他问题研究中加以考察。

将新闻法制与新闻政策结合起来综合考察的专著主要有《中国新闻政策体系研究》(郎劲松,2003),该书梳理了新中国成立以来我国新闻政策的历史演变，后续出版的《传播政策与法规》（王军、郎劲松，2008）一书，也是结合我国新闻传播法规与政策进行的论述。此外，《国民党新闻传播制度研究》（向芬，2012）一书对不同时期国民党的新闻传播法制与政策状况作了分析论述。

舆论监督是改革开放以来新闻传播学历论研究中的一个重要课题，从新闻法制的视角看，舆论监督主要涉及新闻媒介和新闻工作者的权利问题[①]。我国关于舆论监督本体问题的研究，主要的专著有《新闻舆论监督》（杨明品，2001）、《新闻舆论监督研究》（田大宪，2002）、《新闻舆论监督理论与实践》（王强华、王荣泰、徐华西，2007）、《舆论监督研究》（许新芝、罗朋、李清霞，2009）、《构建和谐社会视域下的中国新闻舆论监督研究》（余伟利，2013）等，这些专著在对舆论监督的基础理论及其历史与现状进行梳理的基础上，探讨了新闻舆论监督实践中所出现的新闻官司、保障舆论监督政策发展、舆论监督法制化等多方面问题。

关于表达自由本体问题的研究，主要的专著有《表达自由的法律界限》（莫纪宏，1998）、《表达自由——美国宪法第一修正案研究》（邱小平，2005）、《表达自由：原理与应用》（王四新，2008）、《国家安全与表达自由比较研究》（高中，2008）、《表达自由及其界限》（王峰，2006）、《自由的轨迹——近代英国表达自由思想的形成》（吴小坤，2011）等，这些专著对表达自由的基本原理及其法律保障与界限等问题作了探讨，而且还有对英美等国的表达自由问题所作的专门考察。

上述专著的内容涉及新闻法制研究的各类主题，从某种程度上而言，反映了我国新闻法制研究已经形成其关切的特定"问题域"，并有构建相关理论解释和论证的治学实践，使得新闻法制研究能够在新闻传播学领域占据一席之地，充实了我国的新闻传播学研究。

对新闻法制研究中有关各类主题的专著进行归类梳理可以发现，改

[①] 魏永征：《2001—2002年的中国媒介法研究》，《中国媒体发展研究报告》2002年卷，第209—219页。

革开放以来我国大陆新闻法制研究比较活跃,这种繁荣的态势自有其深刻的社会背景,其一,改革开放以来我国民主法制进程逐步加快,使得我国的新闻活动有了更为广阔的施展空间,在此宏观社会环境中,新闻活动涉法、触法、求法的问题逐渐显现并引起越来越多的关注和讨论;其二,在我国新闻媒介繁荣发展的同时,也存在不少亟待解决的问题与困惑,由此形成了结合新闻活动的实践本身探讨如何对其加以规范的理论结合实践的研究思路,学术界对热点新闻法制事件的研讨基本上都是密切联系当时的新闻活动实践展开的。

然而,上述对有关各类主题的新闻法制研究专著的梳理分析也反映出了一些问题,主要表现为两点:其一,研究新闻侵权问题的专著数量最多,表明学术界对该问题给予了较多关注且致力于将与之相关的问题研究的更加透彻,但这一方向的专著在数量扩张的同时,也存在一定的重复研究、新意不足的问题。其二,研究新闻与司法关系问题的专著数量较少,结合我国新闻法制高被引论文的引文中以新闻与司法关系为主题的论文被引数量相对较多的事实来看,可以说明与期刊论文相比,研究新闻与司法关系的专著不仅数量少且对学术界产生的影响也较小。

第三节 基于文献综述分析我国新闻法制理论的文献主题

文献综述也称研究综述,是指在全面掌握、分析某一学术问题(或研究领域)相关文献的基础上,对该学术问题(或研究领域)在一定时期内的已有研究成果、存在问题进行分析、归纳、整理和评述而形成的论文[1]。

---

[1] 王琪:《撰写文献综述的意义、步骤与常见问题》,《学位与研究生教育》2010年第11期,第49—52页。

除了具备一般性学术论文的逻辑性和学术性等基本属性之外，文献综述最主要的特征是客观性和综合性。其中，客观性指文献综述是在忠实于所综述的原始文献的观点、思想、结论等信息的基础上所作的系统精炼的阐述，其所综述的原始文献的各类信息都应是客观存在的；综合性指文献综述是将关于某个主题的相互间存在关系的多篇文献作为整体加以介绍，其所涉及的文献比较繁多和全面，凡是有利于综述需要的文献都应该加以收集。鉴于文献综述的基本属性及其特有的客观性和综合性特征，可以得知文献综述是基于客观存在的研究成果而作的论述。

一篇文献综述的形成，首先需要控制与综述主题相关的一定时间和范围内的大部分或全部原始文献，即在数量上达到足够的覆盖面。对于文献综述与原始文献的比例，有学者指出一般文献综述与原始文献之比在1∶50—1∶250之间，即就某一研究主题发表了50—250篇文献后就有必要撰写一篇综述[①]。

除了在数量上对原始文献有所要求之外，在内容上原始文献还应具有被综述的价值，即原始文献蕴含的观点和思想等信息能够全面地体现研究主题，有学者认为对文献资料的集中控制比例为1∶30-1∶100，即一篇综述类文献的产生，需用引用30篇以上的原始文献[②]，这说明在被综述的原始文献中至少要有30篇左右能够反映出被考察主题的观点、思想等最新进展状况。另有学者考察科技类文献综述得出多数文献综述所列参考文献的数量都超过20篇的结论[③]；本书作者考察了我国2003—2012年发表的16篇以"新闻传播法制研究综述"为主题的年度综述论文引用的原始文献的情况，得出每篇新闻法制年度综述论文引用的原始文献大约为32篇，与前人的结论大体一致。

[①] 严衡山、冯国亮：《略论情报资料研究中的综述工作》，《情报学刊》1987年第5期，第50、66—68页。

[②] 姜爱凤：《综述类文献的作用》，《高校社科信息》1998年第5期，第39—40页。

[③] 祁雅鸣、马莎莎：《基于文献特征的科技综述之价值评析》，《科技情报开发与经济》2004年第4期，第160—162页。

在对文献综述的特点及撰写一篇文献综述对原始文献在数量和内容上的要求进行探讨之外，学术界对文献综述的作用也作了较多分析。综合已有的观点来看，文献综述的作用主要体现在四个方面[①]：其一，对科学研究具有指导和推动的作用；其二，对领导部门具有提供决策性服务的作用；其三，对帮助读者科学检索文献信息以寻读原文具有指引作用；其四，具有补充与帮助传播文献的作用。

本书认为，除上述四个方面的作用外，文献综述还具有反映学术积累与进展状况的价值。结合文献综述的特征来看，文献综述形成的前提是关于某一研究主题的原始文献积累到了一定的数量，该原始文献群的内容还应该能够全面反映某个研究主题的进展状况，否则便不具备撰写文献综述的必要性。文献综述在这方面的作用一直以来被学术界所忽视，新闻法制理论研究中目前还少有人从文献综述的角度考察某个或多个研究主题的积累与进展状况。本书认为，从文献综述的角度切入，分析关于新闻法制理论各类主题的文献综述文章的数量多少，以及对新闻法制理论整体状况所作的文献综述中对各类主题总结与描述的情况，不失为考察中国新闻法制理论各类主题进展状况的有效方法之一。

一、研究样本的获取与确立

按照不同的标准划分，文献综述有多种类型，例如：按照加工深度不同，有概要性综述和评论性综述；按照论述角度不同，有纵向综述和横向综述；按照论述范围不同，有专题性综述和综合性综述；等等。鉴于划分标准是多重性的，因而各种类型可以用于描述同一篇文献综述，即一篇文献综述可以既是概要性综述，同时又是纵向综述和

[①] 参考刘树发：《综述的作用、种类、编写及其他》，《图书情报知识》1985年第2期，第19、29—32页；黄梦黎：《综述——极具价值的三次文献》，《图书情报工作》1998年第4期，第19—24页；姜爱凤：《综述类文献的作用》，《高校社科信息》1998年第5期，第39—40页。

专题综述。此外，根据独立程度来看，文献综述有时可以自成一篇单独的学术论文发表，有时只是作为学位论文、课题开题报告等研究成果的重要组成部分。两者在内容的繁简、话语表达方式和内容呈现结构等方面均有所不同。

目前学术界对新闻法制理论已有文献的梳理和综述，主要以三种方式呈现：一种是独立成篇的文献综述，这类文献综述一般在学术期刊上发表和传播，旨在帮助读者了解我国某一时期新闻法制理论某一主题或多个主题的进展状况；一种是学位论文的研究现状部分，是作者对其将要展开探讨的具体议题的已有研究成果所作的较为细致和全面的梳理，其目的是帮助作者自身了解已有相关研究的进展状况以寻求新的研究突破点并进而体现其论文的研究价值；还有一种是新闻传播学研究综述或专著中有一定篇幅是对新闻法制理论发展状况所作的较为宏观和概括的简要综述，其作用主要体现在兼顾新闻传播学各方面内容的全面性和完整性。与独立成篇的文献综述内容繁简程度适中的特征相比，学位论文所包含文献综述的内容往往有其局限，如博士论文《新闻侵权责任研究》（杨杉，2013）中的文献综述是聚焦于对"新闻侵权的责任"这一具体议题已有研究成果的综述；而新闻传播学研究综述或专著中包含的文献综述则较为简略，如专著《20世纪中国新闻学与传播学理论（新闻学卷）》（童兵、林涵，2001）中只用不长的篇幅介绍了较长时间跨度内中国新闻法制研究的状况。

在对三种方式文献综述各自特征有所了解的基础上，再兼顾文献综述的传播范围和全面收集样本的可行性，笔者最终确定将新闻法制理论单独成篇的文献综述作为本书的研究样本，通过CNKI数据库、网络、年度研究报告等多种渠道尽可能全面地检索了新闻法制研究的文献综述类论文。

具体的检索方式是：首先将1978年至2014年设为检索年限，在CNKI数据库中以"新闻法""传播法""媒介法""新闻侵权""新闻官司""新闻与司法""新闻权利""新闻义务"与"研究综述""研究进展""研究现状""研究探析""研究状况"等作为主题词和关键词分别进行交叉检索,并对检索结果进行筛选整理,去除重复发表的文献综述论文,最终得到56篇新闻法制理论的文献综述论文作为研究样本,其中一篇为硕士学位论文[①]。接下来,使用类似的词条通过网络进行检索,去除与前述检索方式所得样本相重复的,剩余1篇,即《中国新闻法学研究的回顾与前瞻》(魏永征,1999)。此外,《中国新闻传播学研究最新报告》自2006年以来每年出版一本,每本都刊登有关于新闻法制研究主题的综述文章,但是,该报告上发表的相关综述文章在传播范围等方面不及CNKI数据库和网络资源,而且一些刊登于该报告中的新闻法制研究综述文章同时发表在专业期刊上,能够通过CNKI数据库加以检索,例如2008年该报告上刊登的单独署名的《新闻传播法规研究》一文,同时以"2007年新闻传播法研究综述"为题目以合作署名的形式发表在2008年的《新闻知识》期刊上,此外还有数篇刊登于该报告上的相关综述文章也以类似的形式发表于期刊上。因此,本书未将该报告收录的相关综述文章作为样本来源,而是仅将收集自CNKI数据库和网络两种载体上的共计57篇文献综述论文作为分析样本。样本的基本信息见附录表3。

二、研究样本的主题归类与描述分析

通过文献综述透视新闻法制理论各类主题的研究现状的便捷之处在于,这些研究样本的作者在写作时已经对研究主题进行了归类。其中,综合性综述是对新闻法制研究各类主题情况的考察,例如《2005年中国传播法研究综述》(陈炜,2006);而对某一研究主题进行的综述所考察的是更加具体的研究议题的主要情况,例如《2004年新闻侵权研究综述》(林爱珺,2005)。新闻法制研究的综合性综述和针对某一主题的综

[①] 李玲:《当代中国表达自由研究现状的解读》,华中科技大学硕士学位论文,2006年。该硕士学位论文采用文献研究的方法,介绍了国内表达自由研究领域的主要学者的研究成果和代表观点,并对现有的研究状况作了解释和评析。

述所能反映的信息具有较大差异，前者在对研究主题进行归类分析时侧重于对各个研究主题基本情况的较为宏观的概览；后者则在选题之初即认可了学术界对相关主题开展的研究较为充分并产出了相当数量值得对其专门考察的研究成果。本书对新闻法制研究综合性文献综述和针对某一主题的文献综述的文本情况所作的考察结果如下：

（一）新闻法制理论的综合性文献综述

关于新闻法制研究的综合性文献综述，一般采用阶段综述式的方式写作，自2003年以来，几乎每年都会有学者综述上一年度新闻法制研究的进展情况，这类综述的表述内容主要是以归纳梳理相关论文为主，不同的作者对新闻法制研究主题进行的分类多有不同，但差异不大，这些综述主要考察的研究主题包含六类，即新闻侵权、新闻活动与司法的关系、新闻权利、国外新闻法制、中国新闻法制史和新闻立法问题。

其中，新闻侵权研究在相关文献综述中受到的关注最多，这与考察该类主题的论文数量较多有关，例如，曾有学者考察称，2001年至2002年，可能是媒介侵权的有关研究成果最为集中的时期[①]，也有学者指出，"2003年研究新闻侵权的论文比例占三分之二以上[②]"。在全面梳理和描述该研究方向各种成果和进展的同时，也有学者指出："笔者遍查新闻侵权类论文，却很少读到专门研究新闻侵害肖像权的文章[③]""传媒与肖像权问题引起的关注不多[④]""新闻报道侵害安宁权现象较少受到关注[⑤]"等，

---

① 魏永征：《2001—2001年的中国媒介法研究》，《中国媒体发展研究报告》2002年卷，第209—219页。

② 姜红：《2003年度中国新闻与法治研究综述》，《新闻记者》2004年第5期，第47—49页。

③ 林爱珺：《关于新闻法学研究的思考——2004—2005年新闻法学研究综述》，《现代传播》2006年第3期，第57—60页。

④ 黄瑚、杨朕宇：《2007年新闻传播法研究综述》，《新闻知识》2008年第2期，第76—78页。

⑤ 蔡斐：《2011年新闻传播法研究综述》，《国际新闻界》2012年第1期，第19—23页。

类似的评价既直接反映了该主题的研究所存在的不足,也呈现了综述者对新闻侵权研究更加丰富、完善的期待。

新闻活动与司法的关系研究在文献综述中所受的关注程度也相对较高,它与新闻侵权研究几乎是所有新闻法制文献综述中都会加以考察的内容。在全面考察有关该主题的研究成果之后,有学者指出"媒介对司法的监督是一个较为特殊的领域,事实上存在着严重的歧见[①]""关于司法与传媒的关系依然是这两年的研究热点,新闻界和司法界的分歧依然存在[②]""传媒与司法关系的研究中,新闻界与司法界的分歧依然没有弥合[③]"等问题,这些评价表明,关于新闻活动与司法的关系的研究在各界人士之间还存在较多争议。还有学者指出该主题的研究在 2011 年"大体上没有超越往年研究的范畴,学术上的创新点不多[④]",而"2012 年在该领域的研究成果数量剧增,且研究成果亮点纷呈,出现了一批具有代表性的文章[⑤]",并且"2013 年传媒与司法关系的研究同质化减少,理论研讨、实证分析和个案研究具有相应成果[⑥]",由此可略知学术界近年来关于该主题研究的基本情况与特征。

新闻权利研究也是新闻法制综合性文献综述中重点考察的内容之一。有学者指出 21 世纪初关于该主题的研究不断趋向深入,相关论作不胜枚举,并且有些论作具有一定思想深度[⑦],将新闻工作者相关职业权利的研

[①] 魏永征:《2001—2001 年的中国媒介法研究》,《中国媒体发展研究报告》2002 年卷,第 209—219 页。

[②] 林爱珺:《关于新闻法学研究的思考——2004—2005 年新闻法学研究综述》,《现代传播》2006 年第 3 期,第 57—60 页。

[③] 黄瑚、杨朕宇:《2007 年新闻传播法研究综述》,《新闻知识》2008 年第 2 期,第 76—78 页。

[④] 蔡斐:《2011 年新闻传播法研究综述》,《国际新闻界》2012 年第 1 期,第 19—23 页。

[⑤] 蔡斐:《2012 年新闻传播法研究综述》,《国际新闻界》2013 年第 1 期,第 43—52 页。

[⑥] 蔡斐:《2013 年新闻传播法研究综述》,《国际新闻界》2014 年第 1 期,第 57—65 页。

[⑦] 魏永征:《2001—2001 年的中国媒介法研究》,《中国媒体发展研究报告》2002 年卷,第 209—219 页。

究推到了新的高度[①]。学术界在考察新闻权利研究时往往将采访权作为首要的分析对象，指出其"与前两年学界主要从法理和概念本身进行形而上的研究不同，2007年对采访权的研究更加务实[②]"，而"对于知情权之类新闻权利的研究还有待深入，对匿名权、拒证权等方面的探讨也有所不足[③]"。然而，近年来这种状况有所改善，关于新闻权利的研究全面关注了采访权、知情权、匿名权和拒证权等问题，研究成果数量较多且内容丰富，但是近年来缺乏具有重大价值的论述。[④] 学术界对国外新闻法制研究的状况也给予了一定的关注，我国关于国外新闻法制的研究以搜集翻译外国媒介法文本和其他资料为开端，其后逐渐有所突破，从单纯介绍发展为比较分析，从个别问题研究转换为整体研究[⑤]。相对于新闻法制其他主题的研究而言，国外新闻法制研究仍处于比较边缘的状态，以介绍和评析的研究方式为主[⑥]，但是相关论著的数量则逐渐增多[⑦]。这说明，在国外新闻法制史研究方面，我国学者倾注了较多精力，产出的研究成果逐渐增多，虽然有学者指出该主题的研究已经从单纯介绍进至比较分析，但是相对于新闻法制研究的其他主题而言，仍有较大的提升空间。

新闻法制史作为新闻法制研究的重要领域之一，呈现了相对薄弱和

---

① 姜红：《2003年度中国新闻与法治研究综述》，《新闻记者》2004年第5期，第47—49页。

② 黄瑚、杨朕宇：《2007年新闻传播法研究综述》，《新闻知识》2008年第2期，第76—78页。

③ 黄瑚、杨秀：《2010年新闻传播法研究综述》，《新闻界》2010年第3期，第7—10页。

④ 蔡斐：《2011年新闻传播法研究综述》，《国际新闻界》2012年第1期，第19—23页；《2012年新闻传播法研究综述》，《国际新闻界》2013年第1期，第43—52页；《2013年新闻传播法研究综述》，《国际新闻界》2014年第1期，第57—65页。

⑤ 魏永征：《2001—2001年的中国媒介法研究》，《中国媒体发展研究报告》2002年卷，第209—219页。

⑥ 姜红：《2003年度中国新闻与法治研究综述》，《新闻记者》2004年第5期，第47—49页。

⑦ 黄瑚、杨朕宇：《2007年新闻传播法研究综述》，《新闻知识》2008年第2期，第76—78页。

有待强化的情形,在文献综述中也较少被作为独立的部分考察,仅有学者在总结新闻法制研究状况时指出我国新闻法制史研究需要引起学界重视[①]。2011年及之后的相关文献综述中才对该主题的研究情况作出专门梳理和评价,指出整体而言,学术界的系统性研究成果不多,而且对近代新闻法制史的研究较多,对古代和当代两个时段的新闻法制状况研究相对较少。虽然当前的研究也大致反映了这样的情形,但是近年来仍出现了一些开创性的研究成果,充实了新闻法制史研究,填补了一些研究上的空白[②]。

相对于上述研究主题而言,新闻立法研究的基本状况在新闻法制研究综述中被考察的次数更少,这或许能说明我国专门的新闻立法研究成果不多。此外,在探讨新闻侵权、新闻与司法关系以及新闻权利等问题时,一般情况下是根据具体问题探讨有关立法的对策与建议,而单纯以其为主题的研究成果则较为少见。在仅有的几篇将新闻立法问题单独列出加以考察的文献综述中,所参照的研究成果也是以学术会议和一些学者的访谈内容为主[③],并且也反映了新闻立法研究的数量有所减少的状况[④]。

(二)专门考察新闻法制理论某个主题的文献综述

通过梳理多年来有关新闻法制理论的综合性研究综述,可以大致反映我国学术界对各类新闻法制主题研究的状况,进而从侧面反映出我国新闻法制研究在哪些主题上积累的成果较多及其在不同年度所呈现出来

[①] 黄瑚、杨朕宇:《2007年新闻传播法研究综述》,《新闻知识》2008年第2期,第76—78页。

[②] 蔡斐:《2011年新闻传播法研究综述》,《国际新闻界》2012年第1期,第19—23页;蔡斐:《2012年新闻传播法研究综述》,《国际新闻界》2013年第1期,第43—52页。

[③] 蔡斐:《2011年新闻传播法研究综述》,《国际新闻界》2012年第1期,第19—23页;蔡斐:《2012年新闻传播法研究综述》,《国际新闻界》2013年第1期,第43—52页。

[④] 蔡斐:《2012年新闻传播法研究综述》,《国际新闻界》2013年第1期,第43—52页。

的特点。然而，关于某个主题的研究成果达到相当数量且其内容也足够充分的时候，学术界便会转而梳理该主题的相关成果并发表专门对其进行探讨的研究综述，并且相关的研究综述多是对较长时期内研究主题的梳理，而仅仅对某一个年度相关主题的研究情况所作的综述较少。考察我国已有的关于新闻法制研究主题的专门性研究综述，可以更为清晰与系统地把握我国新闻法制相关主题的基本研究状况，学者梳理和分析较多的是新闻自由、新闻舆论监督、新闻侵权、新闻活动与司法的关系、新闻权利和新闻义务等主题。

其中，关于新闻自由和新闻舆论监督本体问题的专门性文献综述数量最多，而在综合性研究综述中往往是将这两个方面的问题纳入新闻侵权、新闻活动与司法的关系等主题中进行论述，将这两者与新闻权利、新闻义务、新闻侵权、新闻活动与司法的关系等主题作为并列的主题加以考察的情况不多。此外，关于这两类主题的综述发表年份也较为均衡，2000年以来几乎每年都有相关的综述文章发表，说明新闻自由与舆论监督本体问题是我国学者一直以来都较为关注的研究领域，且产出了较多的研究成果。

关于新闻权利和新闻义务主题的专门性研究综述文章的数量也相对较多，就该类综述文章的发表年份来看，自2006年以来每个年份都有相关文章发表。其中，有关新闻权利主题的研究综述集中于专门考察新闻采访权问题，而对新闻发言人制度所作的综述从某种意义上可以理解成是对知情权进而也是对新闻采访权的一种关注。有关新闻义务主题的研究综述主要是分析新闻机构及新闻工作者所应履行的职责与义务。与对其他主题所作的研究综述相比，关于该主题的研究综述数量是最多的，这说明了在考察新闻自由、新闻舆论监督以及新闻权利等问题的同时，学术界对于新闻工作者所应履行的责任与义务作了较多思考。

关于新闻侵权和新闻活动与司法的关系问题的专门性文献综述的数量相对较少，在发表时间的分布上也存在着集中性的特点。主要表现为：关于新闻侵权问题的3篇综述文章均发表于2006年及之前，说明我国学术界对于新闻侵权问题的关注度在近年来有所下降；与之对应的是，关于新闻活动与司法的关系问题的 3 篇综述文章则发表于 2009 年及之后，从侧面反映出我国新闻活动与司法的关系研究近年来积累了一定数量的学术成果，学术界对其给予了较多关注。

除了上述论及的研究主题之外，近两年也出现了关于法制新闻研究、新闻立法研究等主题的专门性综述文章。这说明我国新闻法制研究的主题日渐丰富且在不同的主题领域内产出了一批内容相对充实的研究成果，同时也体现了学术界对我国新闻法制理论更多主题的关切。以关于新闻立法研究的综述文章为例，我国各界人士倡议制定新闻法已经有 30 余年，然而新闻法仍未出台，由此开始有学者反思我国没有新闻法这一事实与新闻立法研究的关系，进而对我国多年来关于新闻立法的研究成果加以梳理和分析。

第三章　中国新闻法制理论的文献互动

文献互动是指在一定的社会条件下,产生于不同人士之间的一种文献的传播、阅览与援用的过程,是使文献信息活化、实现文献资源共享的过程[①]。文献通过其在社会中的互动传播,才能被受传者认识、理解、接受与应用,使受传者对其存在的偏误进行论争与探讨,在这一过程中,文献的价值才能得以体现。新闻法制理论的深化和新闻法制建设的发展是相辅相成的,新闻法制理论的提出与深化多基于新闻法制建设的现实呼唤和实践发展,又为新闻法制建设实践的进一步推进提供理论知识上的前导与支撑。考察新闻法制理论的文献互动需要借助于一定的载体,研究主体和研究方法可以从侧面反映出我国新闻法制理论的文献互动状况。其中,研究主体是推动新闻法制理论深化的关键力量,这一群体时刻关注新闻法制实践的发展状况,对相关问题在理论层面进行思考并加以交流,通过研究主体可以了解我国新闻法制理论研究的学术合作和学术论争的状况;研究方法则基本上决定了研究主体在考察相关问题时整合与援引哪种类型的文献,通过研究方法可以探析我国新闻法制理论的学术研究成果中对各种类型文献的调用程度。

---

① 于宏敏:《浅谈文献传播》,《东方艺术》2005年第4期,第64—65页。

第一节　基于研究主体的新闻法制理论文献互动

　　研究主体是学术类文献生产活动的主要承担者，不同的研究主体具有不同的背景特征，探讨相关问题的视角及其形成的观点也有所差异，不同研究主体之间的互动对于促进学科交融、开阔认识问题和解决问题的思路、深化理论认识殊有裨益，也是发现和催生学科增长点的一种有效路径和方法。按照专业背景划分，我国的新闻法制研究者主要来自新闻传播学专业和法学专业；按照职业背景划分，既有科研院所和高校的学人，也有实务界的媒体从业人员和法官、律师等法务工作者；按照研究的时间长短划分，既有老专家，也有后起之秀。具有不同背景的研究主体切入新闻法制理论研究时的视点和角度各异，互为补充，对我国新闻法制理论和实践的发展都具有重要的作用。

　　基于研究主体的新闻法制理论文献互动表现在多个方面，主要包含研究主体之间的科研合作和学术论争。其中，科研合作是两名及以上研究者就感兴趣的主题进行交流并共同产出研究成果，考察相关文献的共同署名情况，可从一个侧面了解研究主体之间学术思想的交流状况；学术论争是两名及以上研究者就共同关注的主题或议题交换、论争存在分歧的观点性意见的过程，论争类文献或学术会议是研究主体进行互动的主要载体和平台，对其加以考察能够更为全面地了解研究主体的多元性观点与意见。此外，就公开发表的学术类文献来看，引用的参考文献体现了研究主体对其他文献生产者思想的关注或借鉴，是间接互动的表现。本书仅通过考察研究主体之间的科研合作与学术论争两方面的情况，力求尽可能客观地呈现和分析我国新闻法制理论的文献互动状况，对引文反映出来的文献互动状况将另文撰述。

一、我国新闻法制理论的科研合作

科研合作是科学工作者为了达到生产新的科学知识这一共同目的或实现各自的科研目标而进行的协同互助的科学活动,任何科学研究都离不开科研合作[①]。随着研究主体的增加和研究领域的深入,许多研究者选择了合作研究的形式。虽然科研合作的动机非常复杂,但是对科研合作模式的分析仍可以揭示不同研究主体的合作偏好及其密切的合作关系。

新闻法制理论的研究主体展开合作在推动新闻法制理论的进展方面具有重要作用,这是因为,作为新闻学与法学学科的交叉地带及其所涉及的理论与实践问题的关联,对新闻法制问题给予关注的研究主体在学术背景与职业背景方面均具有多元化的特点,并且具有获取彼此学科或领域知识的需要,他们之间的科研合作无疑会拓展新闻法制研究的视域并能够使之更加深化。从研究主体个人合作的角度探讨新闻法制问题,有助于更加深入了解新闻法制研究的特征与规律,并能间接反映出研究成果的广度和深度。

鉴于在专业期刊上发表论文是研究主体阐明其科研成果的重要途径,且科研合作最直接的表现是论文的合作,该部分以选自我国 10 种新闻传播学与法学的专业期刊中的 1124 篇新闻法制研究论文和全部新闻法制研究论文中的 103 篇高被引论文作为样本,分析我国研究者从事新闻法制研究过程中的具体合作状况。其中,1124 篇新闻法制研究论文中,合作署名论文有 173 篇,占新闻法制研究论文样本总数的 15%。而在 103 篇高被引论文中共有合作署名论文 23 篇,占到高被引论文总数的比例约为 22%,该比例与徐剑(2009)统计的 1978 年至 2007 年我国新闻传播学高被引论文中合作署名论文占其所选样本总数的比例大致相同。这说明

---

① 谢彩霞、刘则渊:《科研合作及其科研生产力功能》,《科学技术与辩证法》2006 年第 1 期,第 99—102 页。

了我国新闻法制研究论文的合作署名比例低于新闻法制研究高被引论文和新闻传播学研究高被引论文的合作署名比例。

（一）我国新闻法制研究合作署名论文的作者背景

本书选定的 1124 篇来自新闻传播学与法学的 10 本专业期刊中的新闻法制研究论文中包含 173 篇合作署名论文，其中两位作者合作署名的论文有 147 篇，占到新闻法制研究论文样本总数的 85%；三位作者及六位作者合作署名的论文分别为 14 篇和 8 篇；六位作者以上合作署名的论文有 4 篇。这显示了相对于多人合作所需的统筹协调工作更为烦琐而言，我国新闻法制研究领域的研究者更倾向于以两位作者合作的小团体形式产出论文为主。

表 3-1　我国新闻法制研究论文的合作署名情况

人　数	新闻法制研究论文篇数	比　例
2	147	85%
3	14	8%
6	8	5%
7	1	1%
8	2	1%
10	1	1%
总计	173	100%

在 173 篇新闻法制研究合作署名论文中，除去一些作者的学术背景或职业背景无法核实的论文，最终可以得出 119 篇作者学术背景和职业背景齐全的论文，占合作署名论义样本总数的比例为 69%。鉴于一半以上合作署名论文作者的背景信息全部齐全，通过对这 119 篇论文的作者背景加以分析，仍能在一定程度上反映我国新闻法制研究的科研合作情况。

表 3-2　我国新闻法制研究合作署名论文的作者背景信息查询情况

作者的背景信息情况	合作署名论文篇数	所占比例
学术背景与职业背景信息齐全	119	69%
缺失一个作者的学术背景信息	31	18%
缺失所有作者的全部背景信息	17	10%
缺失一个作者的全部背景信息	6	3%
总计	173	100%

在 119 篇作者背景信息齐全的新闻法制研究合作署名论文中，以两位作者合作产出的论文数量最多，共有 100 篇，占合作署名论文综述的比例为 84%，表明我国新闻法制的合作研究以两人合作的模式为主；此外，三位作者合作产出的论文有 7 篇，六位及以上作者合作产出的论文有 12 篇。以下分别对合作作者的背景信息加以统计分析。

表 3-3　我国新闻法制研究两位合作署名论文的作者背景情况

新闻法制研究二人合作署名论文的作者背景情况			
合作署名论文作者的学术背景	篇数	合作署名论文作者的职业背景	篇数
新闻传播学与新闻传播学	60	学者与学者	76
法学与法学	21	学者与新闻工作者	12
新闻传播学与"新闻传播学和法学"	8	法律工作者与法律工作者	8
法学与新闻传播学	3	学者与法律工作者	1
法学与"新闻传播学和法学"	3	新闻工作者与新闻工作者	1
新闻传播学与其他学科	3	国家行政机关工作人员	1
其他学科之间	2	其他职业之间	1
总计	100		100

首先，两位作者合作产出的 100 篇新闻法制研究论文中，从学术背景来看，新闻传播学背景的作者之间合作产出的论文为 60 篇，法学背景的作者之间合作产出了 21 篇相关论文，新闻传播学背景的作者同具有

新闻传播学与法学综合学术背景的作者合作产出的论文为8篇，而法学背景作者与新闻传播学背景及其他学术背景作者之间合作产出的论文数量较少。这种不同学术背景作者之间合作的情况表明，新闻法制研究的科研合作主要是在学科内部展开，其中以新闻传播学学科内部的合作为主；各学科作者之间的合作较为匮乏，其中具有新闻传播学学术背景的作者与具有综合学术背景的作者之间的合作相对较多，而新闻传播学学术背景的作者与法学学术背景的作者的合作则较少。鉴于我国经常召开有关新闻法制和舆论监督的研讨会，为来自不同学科背景的参会学者创造了较好的合作机会，不同学术背景之间的作者合作发文较少的情况或是由于作者之间合作发表文章的意愿匮乏所致，而不是机会匮乏。此外，相对于不同学科背景作者之间的合作，具有新闻学与法学双重学科背景的学者自身进行的"内部合作"或更为有效。

从职业背景来看，来自高校或研究机构的学者（简称学者）之间合作产出的论文为76篇，学者与新闻工作者之间合作产出的论义为12篇，其中9篇为新闻学者与新闻工作者合作产出。法律工作者之间合作产出的论文为8篇，而法学学者与法律工作者之间以及新闻工作者之间合作产出的论文数量则较少，均为1篇。这种不同职业背景作者之间合作的情况，明确地显示了高校或研究机构的学者是展开新闻法制研究科研合作的主力军，学者本来就是科研的主要力量，因此，学者之间合作产出论文的数量最多是正常现象的体现。但是，学者与其他职业背景作者的合作情况则呈现了不同特征，体现为学者与新闻工作者即新闻实务界的人士合作产出的论文篇数远远高于其与法律工作者即法律实务界人士合作产出的论文篇数，新闻学者与新闻实务界人士合作产出的论文较多；然而，虽然法律实务界人士与两个学科背景的学者之间合作产出的论文均较少，但是法律实务界人士之间合作产出的论文篇数则超过了新闻实务界人士之间合作产出的论文篇数。这说明在新闻法制问题研究的科研合作中以学术界人士与新闻实务界人士的合作、法律实务界人士之间的合作居多，而学术界人士与法律实务界人士之间、新闻实务界人士之间的合作则相对较少。

表 3-4　我国新闻法制研究三位合作署名论文的作者背景情况

新闻法制研究三人合作署名论文的作者背景情况			
合作署名论文作者的学术背景	篇数	合作署名论文作者的职业背景	篇数
新闻传播学与新闻传播学	4	学者与学者	6
法学与法学	3	法律工作者与法律工作者	1
总计	7	总计	7

其次，三位作者合作产出的 7 篇新闻法制研究论文中，从作者的学术背景看，新闻传播学背景的作者之间与法学背景的作者之间合作的论文分别为 4 篇和 3 篇，而未有来自两个学科背景的作者相互合作的论文；从作者的职业背景看，来自高校或研究机构的学者之间合作的论文为 6 篇，此外还有 1 篇是法律实务界人士之间合作的论文，而没有学者与实务界人士之间、新闻实务界人士之间合作产出的论文。

再次，相对于两位或三位作者合作产出的论文而言，六位及以上作者共同署名的 12 篇论文中，作者的背景则具有多样化特征，体现为：一方面体现在论文署名的多位作者同时涉及新闻传播学和法学学术背景，另一方面在职业背景上又同时包含了来自学术界和法律或新闻实务界的人士。

从以上的考察，可归纳出如下特点：其一，我国新闻法制问题研究的科研合作以新闻传播学和法学各自学科内部的合作居多，其中以新闻传播学学科内部的合作为主；其二，学术界人士与新闻实务界人士的合作超过其与法律实务界人士的合作；其三，法律实务界人士之间的合作要远远多于新闻实务界人士之间的合作。这样的科研合作方式对新闻法制研究的学术类文献的内容及理论深度等方面，必然会有不同的影响。新闻传播学与法学学术背景的学者之间进行的跨学科有机合作，有助于新闻法制理论的深化；学术界人士与新闻实务界和法律实务界人士的合作能使相关论述更好地结合实践，更为有效地促进理论研究对新闻法制实践的指导，提高研究的现实应用价值；新闻实务界人士与法律实务界人士之间的沟通与合作更能确保新闻法制理论研究扎根于实践，进而规范新闻实践活动。但是，目前我国学者与法律实务界人士以及新闻实务界人士与法律实务界人士之间的合作还相对欠缺，这种情形不利于我国新闻法制研究的深化以及新闻法制理论与新闻活动实践相结合。

此外，相对于两位或三位作者合作产出的新闻法制研究论文大多是围绕某一具体主题或议题展开论述而言，具有新闻传播学或法学学术背景和来自学术界或实务界的六位及以上作者通过科研合作方式产出的新闻法制研究论文的最大的不同之处是，该类论文是年度新闻法制综合状况发展报告或对新闻法制相关问题提出的司法解释建议等较为宏观的研究，它们多是由作者机械分工合作完成，而非有机的合作，因此其对推进新闻法制研究的深化所发挥的作用也极为有限。

（二）我国新闻法制研究高被引合作署名论文的作者背景

本书选定的我国新闻法制研究103篇高被引论文包含23篇合作署名论文，以两位作者合作署名的论文为主，共有19篇，占到高被引合作署名论文总数的比例为83%；三位作者合作署名论文有4篇。这说明，对我国新闻法制研究产生较强影响力的论文中，以科研合作的方式发表的论文也是以2至3人合作为主。

表3-5　我国新闻法制研究高被引合作署名论文情况

署名人数	新闻法制研究高被引论文篇数	比例
2	19	83%
3	4	17%
总计	23	100%

新闻法制研究高被引合作署名论文作者的学术背景和职业背景均能够准确查询，对其加以考察，可以发现：相同学术背景和职业背景的作者合作署名的情况居多。

表 3-6　我国新闻法制研究高被引合作署名论文的作者背景情况

合作署名论文作者的学术背景	篇数	合作署名论文作者的职业背景	篇数
法学与法学	10	学者与学者	16
新闻传播学与新闻传播学	8	学者与新闻工作者	3
法学与新闻传播学	3	学者与法律工作者	3
新闻传播学与"新闻传播学和法学"	2	法律工作者与法律工作者	1
总计	23	总计	23

依据作者的学术背景考察，法学专业背景的作者之间和新闻传播学专业背景的作者之间合作署名论文分别为10篇和8篇，占合作署名论文总数的78%；然而，法学专业背景和新闻传播学专业背景作者合作署名的论文仅有3篇；新闻传播学专业背景的作者与兼具新闻传播学与法学双重专业背景的作者合作署名的论文为2篇。这说明，新闻法制研究合作署名论文中，以来自新闻传播学或法学学科内部作者合作的论文所产生的影响力最强，学科内部合作的方式是产出较强学术影响力新闻法制研究论文的主要途径。

依据作者的职业背景考察，高校或研究机构的学者之间的合作署名论文共19篇，占合作署名论文总数的83%；然而，学者与新闻工作者和法律工作者合作署名的论文各为3篇，法律工作者之间合作署名的论文为1篇。由此可见，来自学术界的作者之间合作产出的论文对新闻法制研究所产生的影响力最大，来自学术界与实务界的作者合作产出的论文对新闻法制研究所产生的影响相对较弱，而来自实务界的作者之间合作产出的论文影响力是最弱的。此外，在新闻法制高被引论文中没有出现新闻工作者之间合作产出的论文，这说明，相对于法律工作者之间产出的论文而言，新闻工作者之间合作产出的论文不但数量少且其对新闻法制研究形成的影响力也较弱。

二、我国新闻法制理论的学术论争

学术论争指的是学者在公开场合或学术文献上以求教、讨论、商榷、辩驳或论战等形式发表不同学术观点的争论,至少要有两个人就至少一个共同认可的议题交换过一个观点性的意见[①]。任何一门学科或研究领域在发展过程中基本上都会遇到学术论争,这也是研究主体之间进行互动的一种重要方式。鉴于学术论争至少要在两位参与者之间发生,论争期间必然会产出一系列的学术论争文献,通过传播引起学术界及实务界人士的关注并进而带动更多学者及其他人士对相关问题的积极探讨,由此,学术论争不仅在数量上使得文献的积累有所增加,而且在知识积累方面也能推动文献对相关理论知识的深化。

根据学术论争在展开形式等方面的区别,学术论争包含隐性论争和显性论争,以及组织性论争和自发性论争。其中,显性论争指直接注明针对哪个学者的哪个观点进行商榷的论争;隐性论争指有未明确指出被商榷者和观点的论争。组织性论争指在座谈会、学术会议等场合学者之间所进行的学术交流与讨论,并不必然表现为观点上的完全对立;而自发性论争指学术界或实务界的个人自发性的论争,如在专业期刊上发表对其他学者的某个观点的质疑或商榷类论文。以学科理论发展和知识成长的信息生态眼光来看,唯有鼓励持不同观点的学者进行交流,允许多元化、多样性的观点与意见存在并按其自身规律发展,才能真正推动一门学科或某一研究领域的发展。

目前已有不少学者对我国新闻与传播学术研究中发生的论争作过研究和分析,这些研究和分析,有些是在论述新闻传播学发展历史过程中顺带提到和介绍的,也有专门撰文就某一问题的学术论争进行系统分析的。例如:徐培汀(2006)在其著作中设有"改革开放与新闻学术争鸣"一节,专门梳理了我国学者对新闻学术问题进行的探讨和争鸣的七

[①] 邵培仁、廖为民:《中国新闻与传播研究30年学术论证的历史考察》,《中国传媒报告》2008年第1期,第4—20页。

个议题;张振亭(2009)在其专著中以较短的篇幅将改革开放以来我国新闻传播学术界出现的学术争鸣划分为三个阶段并作了简要分析;邵培仁、廖卫民(2008)撰文将我国改革开放以来的新闻传播学术论争划分为四个发展阶段,归类统计了新闻传播学术发展过程中发生过的十个典型论争和十大系列论争,其中简要概述了"传媒与司法关系领域的系列论争"[①]。

改革开放以来新闻法制理论建设的 30 余年历程中,我国学者围绕新闻法制理论的有关问题不断开展研讨与交流,也有各种论争。然而,对于我国新闻法制研究进程中所发生的学术论争,尚未有学者进行专门考察。基于上述对学术论争的隐性论争和显性论争、组织性论争和自发式论争的类别划分,该部分在综合考察我国新闻法制研究的学术论争主题及具体议题的基础上,进一步对在期刊上进行显性论争的文献的特征加以考察。此外,学术会议为各界人士齐聚一堂就某个问题展开学术交流与讨论提供了具有较强即时反馈和互动性的场合,即使没有观点上明显对立的分歧,在学术会议上发表的观点或见解一般也都会得到与会人士的点评,而且这种形式的观点讨论并不一定以会议论文集等方式加以发表和传播,而仅仅是对与会人士中参与讨论者自身带来启迪,并进而影响其之后的研究和文献生产活动,鉴于此,该部分还对我国新闻法制理论学术会议的相关情况进行了简要梳理。

(一) 我国新闻法制理论的基本学术论争

改革开放以来,关注我国新闻法制建设的各界人士对新闻法制理论的各种问题进行了探讨和争鸣,在促进新闻法制理论发展方面有着重大影响。关于新闻法制理论问题的学术论争较为集中,主要围绕新闻立法、新闻侵权、新闻活动与司法的关系等几类新闻法制研究主题展开。

---

① 邵培仁、廖为民:《中国新闻与传播研究 30 年学术论争的历史考察》,《中国传媒报告》2008 年第 1 期,第 4—20 页。

1. 关于新闻立法问题的论争

作为社会主义新闻事业的一件大事，新闻立法涉及很多理论问题，需要在全面研究的基础上达成共识。20世纪80年代各界人士呼吁新闻立法，于是开启了关于新闻立法各方面问题的论争，主要论争的焦点集中在四个问题上：其一，新闻法是新闻自由的保障法还是限制法，或者二者兼而有之；其二，自然人能不能办报即民营报纸问题；其三，舆论监督是否需要上级批准问题；其四，对新闻事业的性质和作用的认识问题。这四个问题决定着我国"新闻法"的性质，是当时各界人士展开论争的焦点和新闻立法在现实中的难点。30余年来，上述关于新闻立法的难点尚未得到全面的解决。而且，仍有较多学者对我国是否需要制定专门的新闻法以及如何制定新闻法等多个具体问题上给予较多关注和讨论。

首先，关于我国是否需要制定专门的新闻法的问题。目前形成了三种观点：第一，我国未必制定"新闻法"；第二，我国应尽快制定"新闻法"；第三，我国应暂缓制定"新闻法"。直到目前，这一论争还在持续，不过对新闻立法给予较多关注的学者在支持我国制定"新闻法"上已经初步达成了共识，只是出于对新闻立法在技术、历史背景等方面的考虑，在后两种观点上还存在一些意见差异。

持有我国未必制定"新闻法"观点的相关人士给出的理由是"西方国家也不是都有新闻法""苏联、东欧搞新闻法，搞得国家一片混乱""新闻立法会削弱党对新闻事业的领导"[①]。学术界对于这几种质疑新闻立法的说法做出的回应很多。

孙旭培（1999、2010、2012）、展江（2008）等强烈支持新闻立法的学者多次撰文对上述不赞成新闻立法的说法作了辩解，并认为我国"新闻法"越早制定越好。展江（2008）指出，新闻法对于大陆法系国家来

---

① 孙旭培：《新闻法最需要的法律最困难的立法》，《新闻知识》1999年第9期，第9—10页。

说，其地位之高超出我们想象，其重要价值在于，可以通过这样一部法律管理新闻界和与新闻界相关的社会领域，赋予新闻界以采访、报道、评论等权利，也让新闻界承担一定的义务，防止它对社会和公民个人造成损害[①]。孙旭培（2010）指出越早制定"新闻法"，保障适度的新闻自由，有利于革除人治的弊病，不使错误后果积累，不使腐败丑闻积累，对于社会正负能量的及时释放，维护执政党执政的合法性和政权的稳定，具有极为重要的意义[②]。

认为我国应暂缓制定"新闻法"的学者并没有否认我国制定"新闻法"的必要性，但是认为我国目前不应该急于制定"新闻法"。柳斌杰（2008）指出，目前我国的传媒事业正在发展，未知领域远远大于已知的领域，不如我们暂时让它再发展一段，利用国家的其他法律、政府的管理条例，让我们这个事业更加成熟、更加发展，在更加恰当的时期再来谈论这个问题，会更合适一点[③]。高一飞（2008）提出，我国实际上已经有大量新闻法规，只是没有一部叫做"新闻法"的法律而已，我国目前最可行的办法不是急于制定一部叫做"新闻法"的法律，而是通过违宪审查，扩大新闻自由的权利[④]。2010年举办的中国新闻立法回顾与展望研讨会上，徐迅和王四新提出我国新闻立法不可操之过急，而是应该在维护社会效益的基础上慎重立法，不能急于制定新闻法，这次研讨会上"主张现在就立法或者说立法准备的声音还是少数"[⑤]。魏永征（2011）认

[①] 赵金：《关于新闻立法几个问题的探讨——访中国青年政治学院教授、新闻与传播系主任展江》，《青年记者》2008年第34期，第44—46页。

[②] 孙旭培：《论妨碍新闻立法的认识误区》，《新闻与信息传播研究》2010年第3期。

[③] 人民网：《新闻出版总署署长柳斌杰做客人民网强国论坛》，2008年7月4日，人民网（http://media.people.com.cn/GB/40699/7467550.html），2012年4月20日查阅。

[④] 高一飞：《我国新闻立法的使命（上）》，《新闻知识》2008年第9期，第69—71页；高一飞：《我国新闻立法的使命（下）》，《新闻知识》2008年第10期，第82—85页。

[⑤] 乔木、展江、王占阳、蔡定剑等：《中国新闻立法回顾与展望研讨会》，2009年11月17日，胡耀邦史料信息网（http://www.hybsl.cn/zonghe/zuixinshiliao/2010-04-14/19810.html），2012年5月2日查阅。

为新闻立法有其特定的立法背景,根据他的看法,在可以预见的时间内,我国不可能,也不需要制定所谓的新闻法了[①]。

其次,关于我国新闻立法的路径问题。学界已就新闻立法路径提出了很多见解,例如肖燕雄(2010)提出并详细论述了"因事成制的新闻立法路径"[②],其他学者还提出了"宪法司法化的新闻立法路径"[③]"判例法与成文法并存的新闻立法路径"[④]等,其中引起学界论争的是"从局部到整体的新闻立法路径"的观点。

刘斌(2009)建议我国新闻立法应该采取"从局部到整体、化整体为局部的方式,先就《新闻法》的某一个或者几个部分尝试立法,待条件成熟后再继续整合,以此来避开当前难以逾越的障碍"[⑤]。蔡定剑(2009)作了更为细致的考虑,指出"从推动新闻自由的角度看,新闻立法分两个阶段比较合适。高的目标就是制订一部《新闻自由出版法》。在具体的层面上,目前制定《记者权益保护法》的社会条件还是比较成熟的"[⑥]。富敏荣(2009)也认为,"现在对于新闻传播领域制定法律不太可能的情况下,我们可以从行政规章的角度呼吁新闻出版总署能够制定保

[①] 魏永征:《中国会有一部新闻法吗?》,2011年8月30日,魏永征的博客(http://weiyongzheng.com/archives/31807.html),2014年5月20日查阅。

[②] 肖燕雄:《因事成制:中国新闻法制建设的一条路径》,《民主与科学》2010年第3期,第22—23页。

[③] 张永恒:《宪法司法化与新闻自由权利的保障》,《新闻记者》2002年第2期,第38—40页。

[④] 梁鑫、郑永红:《新闻采访权的法律规制路径研究》,《湖北警官学院学报》2013年第12期,第79—82页。

[⑤] 乔木、展江、王占阳、蔡定剑等:《中国新闻立法回顾与展望研讨会》,2009年11月17日,胡耀邦史料信息网(http://www.hybsl.cn/zonghe/zuixinshiliao/2010-04-14/19810.html),2012年5月2日查阅。

[⑥] 乔木、展江、王占阳、蔡定剑等:《中国新闻立法回顾与展望研讨会》,2009年11月17日,胡耀邦史料信息网(http://www.hybsl.cn/zonghe/zuixinshiliao/2010-04-14/19810.html),2012年5月2日查阅。

护记者权利的条例，学者也可以呼吁其出台"①。

针对在没有新闻法的时候先通过部门规章来规范新闻活动这种新闻立法路径上的建议，孙旭培（2012）指出阻碍我国新闻立法的一个原因是只搞条例，条例只是行政管理，立法恰恰是减少行政干预②；展江（2008）也明确提出要优先考虑制定"新闻法"，因为有了"新闻法"就有了清除部门规章的法律依据③。对于一些学者提出的制定专门的《记者权益保护法》这一新闻立法建议，魏永征（2010）指出，"现在的记者证管理办法实际上已经是一部微型的《记者权益保护法》，而这一管理办法本身是一部特权条令，排除了公民采集新闻、信息的权利，只有持有新闻记者证的人才可能从事新闻采编。④"

2. 关于新闻权利问题的论争

党的十七大报告中强调要"保障人民的知情权、参与权、表达权、监督权"，其中知情权关涉新闻媒体的采访权和传播权，表达权覆盖了新闻媒体的报道、评论权和舆论监督的职责，参与权和监督权则是媒体安身立命的价值所在⑤。然而学术界关于以采访权为代表的新闻权利的性质和归属问题尚有争议。

首先，关于新闻采访权的性质问题的论争。对新闻采访权的性质进行准确的理论界定是探讨如何在法律上对其加以规定、保护与限制的首要前提，学术界对此存在较大争议并形成了多种观点并存的局面，至今

---

① 乔木、展江、王占阳、蔡定剑等：《中国新闻立法回顾与展望研讨会》，2009年11月17日，胡耀邦史料信息网（http://www.hybsl.cn/zonghe/zuixinshiliao/2010-04-14/19810.html），2012年5月2日查阅。

② 孙旭培：《三十年新闻立法历程与思考》，《炎黄春秋》2012年第2期，第1—7页。

③ 赵金：《关于新闻立法几个问题的探讨——访中国青年政治学院教授、新闻与传播系主任展江》，《青年记者》2008年第34期，第44—46页。

④ 乔木、展江、王占阳、蔡定剑等：《中国新闻立法回顾与展望研讨会》，2009年11月17日，胡耀邦史料信息网（http://www.hybsl.cn/zonghe/zuixinshiliao/2010-04-14/19810.html），2012年5月2日查阅。

⑤ 郭道晖：《新闻媒体的公权利与社会权力》，《河北法学》2012年第1期，第2—10页。

尚未达成共识。主要的说法可以归纳为六种，即"公权力说""私权利说""兼具权力与权利双重属性说""社会权利说""社会公共权利说"和"政治权利说"，其中，前三种说法几乎是所有相关研究中都会着重论述的观点，而后两种说法是姚广宜（2008）在前人的研究基础上加以细化和归纳出来的观点[①]。

关于新闻采访权是一种社会权利的说法虽然在学界多有论述，但是由于对"社会权利"的认识有所不同，即便多位学者持新闻采访权的"社会权利说"，他们所持的观点仍有细微差别。例如，张振亮（2003）和李丽（2003）几乎同时提出新闻采访权是一种社会权利的说法，但是前者所认为的新闻采访权是不同于私权利和公权力的特殊社会权利，实际上类似于"兼具权力与权利双重属性说"，即认为新闻采访权是兼具私权利特征和公权力特征的"社会权利"[②]。而后者则指出"权利与权力不属于同一范畴的价值属性，社会权利也不是公民权利和国家权力的简单相加"[③]。由此可见，两者所谓的"社会权利说"在本质上也不相同。

其次，关于新闻采访权的归属问题的论争。新闻采访权是否为持证记者的专有权利这一问题历来为学界关注和探讨，《新闻记者证管理办法》（2009）明确规定新闻采编活动是新闻记者专有的职务行为，根据该规定，新闻机构内的临时聘用人员和正式聘用但尚未满一年的人员，没有记者证，不符合新闻记者的定义，不算是正式的新闻记者，所谓"公民记者"和"独立记者"在我国也无合法地位[④]。对此，董少鹏（2010）指出"持证上岗规定不仅不妨碍无证记者从事采访报道活动，而且有助于保护无证记者和媒体新人的合法权益"，具有一年以上新闻采编工作经历对合格的新闻记者而言不算过高的要求，且对从事新闻工作未满一年

[①] 姚广宜:《论新闻采访权及其权源》,《当代传播》2008年第6期,第53—57页。

[②] 张振亮:《新闻采访权及其法律限制》,《南京邮电学院学报（社会科学版）》2003年第3期,第12—18页。

[③] 戴丽:《新闻采访权性质刍议》,《新闻记者》2003年第11期,第38—39页。

[④] 魏永征:《微型"新闻记者法"出台》,《青年记者》2010年第1期,第43—45页。

的媒体新人而言在持证记者带领下采访也无可非议①。

然而，对于记者证的专属性问题，更多学者持有反对和质疑的态度，刘海明（2007）认为"如果只有持证记者才有采访权，无异于剥夺了聘用记者、实习记者以及特约记者的新闻采访权"②，魏永征（2010）则表达了其担忧，指出那些在新闻机构工作多年的无证采编人员若遇上权利妨碍则很难请求救济③。马少华（2007）认为"新闻机构目前合法地拥有新闻发布的垄断性权利，但普通公民调查了解事实真相并不是非法行为。新闻单位正式或临时聘用记者，并不是颁发给他们调查事实真相的合法权利，而是赋予一种职务责任"，因此，"新闻出版广电总局核发的记者证表达的仅仅是国家认可的职业资格"④。

3.关于新闻侵权问题的论争

20世纪80年代末新闻立法问题的探讨陷入停滞，加之《民法通则》的颁布和新闻侵权纠纷的迅速增加，学界逐渐将研究重心转移到对新闻侵权问题的探讨上。随着新闻侵权问题的复杂化和学术界对新闻侵权问题探讨由个案分析发展为从法理上进行研讨，学术界关于新闻侵权问题的论争也逐步呈现，主要论争的焦点集中在新闻侵权的主体界定、新闻侵权是否应该入法等问题，后者引发了一场较大规模的学术论争。此外，关于暗访和隐性采访的问题也引发了较多争鸣。

首先，关于新闻侵权主体的认定问题。学术界对新闻侵权的原告作了较多讨论，主要关注点是死者、反革命分子等特殊人群是否能作为原告，进入21世纪以来，我国关于新闻侵权原告的讨论更多转到公众人物方面，讨论较充分且争议不多。但在新闻侵权被告的认定问题上，出现

---

① 董少鹏：《关于记者证与新闻记者采访权的思考》，《中国新闻出版报》2010年8月10日第8版。
② 刘海明：《新闻采访权是否记者证持有者的专利——从兰成长无记者证被殴打致死事件说起》，《新闻记者》2007年第5期，第22—23页。
③ 魏永征：《微型"新闻记者法"出台》，《青年记者》2010年第1期，第43—45页。
④ 马少华：《记者证并不垄断采访权》，《北京青年报》2007年1月2日；转引自胡甜甜：《我国记者证管理、使用之误区》，《新闻记者》2012年第6期，第8—13页。

了较多不一致的认识，大致形成了"五说"：

其一，起因说，即谁为具有侵权内容的文章提供原始素材的，谁就是被告；其二，执笔说，即以侵权文章的撰稿人作为被告，认为撰稿人是精神产品的设计生产者，应对"产品"质量负责；其三，权力说，即有权签发文章的是被告，因为签发者是产品质量的检验放行者，要对"产品"负责；其四，控告说，即根据受害人的控诉来确认谁是被告，尊重原告人的意志；其五，实现说，即以刊发侵权文章的新闻单位为被告[①]。

学术界较多人支持认定新闻机构为被告的观点。例如：陈翠银（1989）认为，一旦发生新闻侵权，应由新闻机构法人承担民事责任，而记者只对本机构承担行政责任[②]；其后，秋歌（1991）认为在认定新闻侵权被告方面，最基本的准则应当是将侵权的新闻单位认定为被告，在此前提下作者也可为被告，然后再作具体分析[③]；张西明（1993）也表达了类似的观点，认为新闻侵权主体应认定为新闻机构，由新闻机构对外承担侵权行为的主要责任[④]。还有学者认为应视具体情况确定被告，例如王晋闽（1991）、何英等（2011）一些学者则认为应该根据各个主体在具体新闻活动中的地位和作用决定其分担新闻侵权民事责任，认为参与新闻活动的各个主体在具体新闻活动中的地位和作用是决定其分担新闻侵权民事责任的主要事实依据[⑤]。

[①] 秋歌：《论新闻侵害名誉权诉讼的原告和被告》，《当代法学》1991年第2期，第62—65页。

[②] 陈翠银：《谈谈新闻侵害名誉权法律责任的承担》，《新闻记者》1989年第4期，第6—7页。

[③] 秋歌：《论新闻侵害名誉权诉讼的原告和被告》，《当代法学》1991年第2期，第62—65页。

[④] 张西明：《新闻侵犯公民隐私权行为研究》，《新闻研究资料》1993年第2期，第58—81页。

[⑤] 王晋闽：《新闻侵权的责任分担》，《新闻研究资料》1991年第2期，第1—14页；何英、赵聪逸、李汶君：《新闻侵权责任主体研究》，《新闻爱好者》2011年第9期，第54—55页。

然而，最高人民法院关于审理名誉权案件若干问题的解答（1993）则指出，在确定被告方面，因新闻报道或其他作品发生的名誉权纠纷，应根据原告的起诉确定被告，只诉作者的，列作者为被告；只诉新闻出版单位的，列新闻出版单位为被告；对作者和新闻出版单位都提起诉讼的，将作者和新闻出版单位均列为被告，但作者与新闻出版单位为隶属关系，作品系作者履行职务所形成的，只列单位为被告。就此，程德安（1997）一方面指出原告不应享有不选择新闻单位为被告的权利，另一方面又强调了侵害他人名誉权的记者应列为被告[①]。

其次，关于侵权法中是否需要单列"新闻侵权"的问题。2009年年底全国人大常委会通过的《侵权责任法》未将"新闻侵权"列为专门条款，而只是在第四章"关于责任主体的特殊规定"中的第三十六条对互联网上发生侵权的责任问题作了专门规定。但是，在侵权责任法的起草和制定过程中，学界就是否应该以专门章节或条款的方式对新闻侵权加以规定展开了一场论争，产出了若干专著和多篇学术论文文献。

王利明和杨立新（1995）在合著出版的《人格权与新闻侵权》一书中，就表明了支持"新闻侵权"列入侵权行为法的观点[②]。其后，王利明（2005）在其主持的《中国民法典学者建议稿及立法理由侵权行为编》第二章中，又以专节规定了"新闻侵权"[③]；杨立新（2007）在其主持的《中华人民共和国侵权责任法草案建议稿及说明》的"过错的侵权行为"一章中，以"媒体侵权"为标题对相关责任作出了规定[④]。两位学者将"新闻侵权"或"媒介侵权"视为侵权责任法立法中的特别问题，认为其在责任构成甚至归责原则方面具有特殊性，至少在抗辩事由方面具有特

---

① 程德安：《新闻侵害名誉权诉讼中的原告选择权》，《新闻大学》1997年第1期，第18—19页。
② 王利明、杨立新：《人格权与新闻侵权》，北京：中国方正出版社1995年版，第523页。
③ 王利明：《中国民法典学者建议稿及立法理由·侵权行为编》，北京：法律出版社2005年版，第79页。
④ 杨立新：《中华人民共和国侵权责任法草案建议稿及说明》，北京：法律出版社2007年版，第17页。

殊性，并且将"新闻侵权"或"媒介侵权"作为特殊问题对待，但将侵害名誉权、隐私权等的侵权责任当作一般问题对待[1]。陈清（2010）在分析了"新闻侵权"的诸多特质之后，认为"新闻侵权"应该在侵权责任法中有一席之地，最优的处理方案是将其作为一类特殊侵权行为进行单独的规制[2]。

然而，张新宝（2008）则明确指出侵权责任法不应规定"新闻侵权"或"媒介侵权"，认为无论是发生在出版物、电视或广播节目中的侵害名誉权、隐私权等案件，还是媒体或其从业人员作为侵害名誉权、隐私权等案件之加害人的案件，在构成要件、归责原则甚至抗辩事由等方面均没有特殊性，其受到侵害的民事权利应该适用一般侵权责任的标准而非以多重标准对待一般侵权行为和新闻侵权行为[3]。而且，中国民法典立法研究课题组（2002）起草的《中国民法典·侵权行为编草案建议稿》以及麻昌华（2003）起草的《民法典·侵权行为法（学者建议稿）》[4]，都未对"新闻侵权"或"媒介侵权"作出规定。魏永征（2009）先是在博客中发文称其与张新宝的观点可谓"殊途同归"，认为将"新闻侵权"或"媒体侵权"单独列入我国侵权责任法与近现代民法的发展趋势和基本技术方法背道而驰，在起草侵权责任法时不应将"新闻侵权"或"媒体侵权"写入侵权责任法的法条，并于2014年在其《新闻传播法教程（第四版）》修订札记中专门对"媒介侵权"不能成为一个法律概念的原因作了阐释[5]。

---

[1] 张新宝：《"新闻（媒体）侵权"否认说》，《中国法学》2008年第6期，第183—189页。

[2] 陈清：《"新闻侵权"肯定说——兼与张新宝教授商榷》，《武汉科技大学学报（社会科学版）》2010年第5期，第52—56页。

[3] 张新宝：《"新闻（媒体）侵权"否认说》，《中国法学》2008年第6期，第183—189页。

[4] 张新宝：《侵权法评论》2003年第2辑，北京：人民法院出版社2003年版，第180页。

[5] 魏永征：《"媒介侵权"为什么不能成为一个法律概念——〈新闻传播法教程（第四版）〉修订札记之十》，《青年记者》2014年第4期，第86—87页。

此外，关于是否支持隐性采访的问题。对于隐性采访的论争基本上都是针对具体的新闻采访事件而展开的，其中，认为隐性采访并不是毫无限制的，建议记者"强化法律意识，谨慎使用隐性采访手段"的观点已经得到普遍的认可，支持与反对隐性采访论争焦点在于，应该提倡还是尽量避免使用隐性采访方式。

杨立新（2002）指出在现代社会中，公众急切需要新闻媒体提供大量真实的、有现实意义的消息。隐性采访满足了社会和公众的这种需要，因而受到群众的欢迎和肯定。社会和公众的认可，就是隐性采访合法性的基础[①]。夏萌（2002）从另一个角度指出，记者暗访会带来危险，是空谈道德的批评家们体会不到的，在保全自己的前提下，尽可能地写出事实的真相，就是记者最高的职业道德[②]。陈航行、王旭瑞（2010）也认为现实社会的监督报道中，记者的暗访发挥了极其重要的作用，只要记者的暗访活动没有触犯法律，符合公共利益，就应该得到理解和认可[③]。

江宇、郭赫男（2002）则强调隐性采访只是公开采访的一种辅助手段和工具，既然是辅助性的，那么就应该有一个"度"的问题，在当前的媒介上，隐性采访有过滥之嫌[④]。王建（2002）则认为记者写揭露阴暗面的文章，出发点是唤起人们的良知和愤慨，引起有关部门的警觉和关注，使危害社会正常生活秩序的丑恶现象早日消除，但是罪行就在采访的记者身边发生时，记者若袖手旁观并坚持其隐性采访的行为，那么写出来的文章便不再有任何意义[⑤]。陈力丹、程晨（2010）则指出即使是为了一个合法的目的，原则上也不可以采用非法或者违背道德的手段进行

[①] 杨立新：《隐性采访的合法性及其法律保护》，《中国记者》2000 年第 2 期，第 58—59 页。

[②] 夏萌：《符合职业道德的一次暗访》，《新闻记者》2002 年第 4 期，第 53 页。

[③] 陈航行、王旭瑞：《记者暗访应该得到认可——与陈力丹教授商榷》，《青年记者》2010 年第 31 期，第 65—66 页。

[④] 江宇、郭赫男：《关于隐性采访的几点思考——兼谈〈海口色情交易大曝光〉的是与非》，《新闻记者》2002 年第 7 期，第 47—48 页。

[⑤] 王建：《有违职业道德的一次暗访》，《新闻记者》2002 年第 4 期，第 52—53 页。

采访，通过新闻自律的力量和新闻从业者自身的努力是完全可以规范暗访行为的，现在相当多的暗访，实际上是记者懒惰的表现[①]。

4.关于新闻与司法关系问题的论争

随着传媒业的发展，在对国家权力的监督中，新闻舆论监督逐渐成为一种十分重要的监督形式。新闻媒体对人民法院审判活动的报道既是满足广大人民群众知情权的重要途径，也是促进人民法院改进工作和防止司法腐败的重要途径。但是，新闻媒体对司法工作的舆论监督，由于相关的法制规则尚不完善，如果操作不当，可能会与司法公正、法院独立行使审判权产生冲突，甚至产生妨碍司法独立、损害司法公正的不利影响。由此就产生了学术界就新闻与司法关系问题的讨论，包括庭审直播等司法报道的形式妥当性问题的论争。

首先，关于新闻媒体是否有权监督司法的问题。在新闻媒体对司法进行监督的属性问题方面我国学界尚未达成共识，主要有"权利说"和"权力说"两种观点，分别表现为支持新闻媒体对司法的监督和对新闻媒体监督司法的作用持怀疑态度。

支持"权利说"的学者认为监督司法是新闻媒体的权利，是宪法规定的"公民对于任何国家机关和国家工作人员都有提出批评和建议的权利"[②]这一公民基本权利的延伸。高一飞（2006）指出媒体与司法的关系和其他公民与司法的关系是一样的，只要遵守新闻自由的一般规范，媒体在任何时候都可以进行与司法机关立场相反的独立报道和评论，司法不能通过对媒体施加不同于公民个人的特别限制来避免媒体对司法理性的影响，而应该通过司法程序本身的完善等来实现[③]。

然而，支持"权力说"的学者则认为，目前我国的新闻媒体大都是官办的，与其说是公民权利的延伸，不如说是行政权力的扩张，从宪法

[①] 陈力丹、程晨：《记者暗访原则上不宜采用》，《传媒》2010年第6期，第57页。
[②]《中华人民共和国宪法》第41条。
[③] 高一飞：《司法与媒体：复杂而简单的关系》，《内蒙古社会科学（汉文版）》2006年第2期，第11—16页。

规定的制度结构上看，行政并不存在监督司法的权力[①]。陈力丹（2003）虽未否认新闻媒体有权监督司法，但是也表达了"舆论监督在我国多少是一种党政权力的延伸和补充"[②]的观点。从权力角度来看，我国新闻机构是否有权监督司法还是值得探讨的问题。苏力（1996）从新闻舆论监督司法的实际效用角度指出，媒体对腐败行为进行曝光确实会对司法部门依法正当行使职权形成强大的社会压力，但我们也同时意识到，如果强调新闻舆论可以"监督"法院行使国家权力的审判活动，包括发表错误的评论，那么无疑是以"舆论的平均道德水平和对司法问题的判断能力高于法院"，或者"舆论比司法更加公正"作为前提预设的，这大可商榷[③]。

其次，关于庭审直播问题的论争。庭审直播是我国新闻与司法关系的一个方面，自1998年7月10日最高人民法院安排中央电视台对一起著作权纠纷的开庭情况作了直播之后，学术界和实务界人士对庭审直播的形式引发了一些论争。徐迅（2001）对各界人士有关庭审直播的观点进行了总结，通过实证调研的方式得出媒体和法律实务界在肯定庭审直播的作用方面具有较高的一致性[④]。然而，学术界却存在观点上的差异。

一些学者明确表达了对庭审直播的异议，例如：贺卫方（1998）指出，一方面，鉴于司法程序的特殊性，庭审直播的方式势必会对法庭秩序以及相关程序带来负面影响，妨害庭审过程的庄重性以及案件的公正审理；另一方面，庭审直播方式所起到的社会监督法官的效用非常有限，法官在电视镜头前会极力做到表面上的无可挑剔，因此被直播的庭审过程也只是表面现象，且并非所有案件都会审判直播，法院则会挑选最具水平的法官审判最有把握的案件并加以直播，如此一来监督便无从谈

[①] 夏勇：《1999年4月10日在北京大学法学院召开的"传媒与司法研讨会"的发言》，转引自徐迅：《中国媒体与司法关系现状评析》，《法学研究》2001年第6期，第149—158页。
[②] 陈力丹：《舆论监督三题》，《新闻传播》2003年第2期，第14—15页。
[③] 苏力：《法治及其本土资源》，北京：中国政法大学出版社1996年版。
[④] 徐迅：《中国媒体与司法关系现状评析》，《法学研究》2001年第6期，第149—158页。

起[①]。徐显明、齐延平（1999）也系统阐述了反对庭审直播的观点，认为对司法腐败的防治要通过制度设计，通过以权利制约权力，以权力制约权力，以责任制约权力来完成，不能以牺牲法官的独立权力和当事人的基本权利为代价[②]。

然而，最高人民法院院长肖扬表示庭审直播很好，"今后应不断总结经验，坚持搞下去"[③]。有学者也阐述了对庭审直播表示支持或谨慎支持的观点，例如：张泽涛（2002）认为允许对庭审现场进行选择性地直播利大于弊，仅仅因为直播可能影响庭审现场的庄严等些微负面影响就笼统地认为对庭审现场一概不能直播的观点有因噎废食之嫌，而且如果操作得当便可以克服庭审直播的负面影响或将其缩小至最低程度[④]。高一飞（2006）认为新闻自由和司法公正可以兼得，而庭审直播是有利于司法公正一面的，只要法官对庭审直播进行必要的技术上的控制，便可以取得司法公正和新闻自由权利充分实现的双赢效果[⑤]。

（二）使用文献计量的方法考察新闻法制的学术论争

作为文献互动的方式之一，学术论争在完善新闻法制理论建设方面发挥着重要作用。笔者通过全面收集1978年至2014年我国学者在新闻法制理论建设方面的学术论争文献，并对收集到的论争文献进行量化分析，进而得出宏观的统计结果并就其从多个角度加以描述，对全面审视新闻法制理论文献的互动情况具有重要价值。

依据前述对学术论争的定义，以引发论争的具体议题作为计量单位，

[①] 贺卫方：《对电视直播庭审过程的异议》，《中国律师》1998年第9期，第60—61页。

[②] 徐显明、齐延平：《"权利"进入，抑或"权力"进入？——对"现场直播"进法庭的学理评析》，《现代法学》2001年第4期，第3—8页。

[③] 徐如俊、王斌来：《加大审判透明度把庭讲在法庭上——访最高人民法院院长肖扬》，《人民日报》1998年7月15日第9版。

[④] 张泽涛：《"权利"进入，抑或"权力"进入一文之驳议——与徐显明、齐延平二先生商榷》，《司法改革评论》2002年第2期，第310—341页。

[⑤] 高一飞：《庭审直播利与弊》，《检察风云》2006年第22期。

将就某个议题发表的始论文献①及由其引发的商榷文献视为一组学术论争，即以正式发表的商榷论文为标志，只要在标题或摘要中明确指出被商榷者的姓名、论文或观点，就构成一组显性的论争，再经由商榷文献追溯其所针对的始论文献。其中，始论者或其他学者就商榷论文进行了再商榷或答复与回应的，均被统一计入该组学术论争。此外，同时发表在期刊争鸣栏目中就某个议题发表相反观点的两篇论文也被视为一组学术论争。由此，对看似复杂的显性论争样式以分组的方式进行统计具备了可操作性。

1. 研究样本的获取与确立

本书将 CNKI 数据库作为研究样本的来源，以"新闻""传播""媒体""媒介""舆论""自由""侵权"等新闻法制相关的词汇与"商榷""质疑""兼与""也谈""异议""答复""批评""回应""辨"等涉及学术论争的词汇作为主题词和关键词分别进行交叉检索，对检索到的论文进行筛选之后得到始论论文和商榷论文共计 67 篇，有 3 篇论文是对两本专著进行的商榷，还有 1 篇论文是对报纸文章的商榷，因此，本书将 3 本始论专著和 1 篇报纸文章纳入研究范围共得到 71 篇（本）样本，共计 23 组学术论争。样本具体信息见附录表 4，始论文献以加粗字体标出。

需要指出的是，本书所统计的论争文献仅是 30 余年来新闻法制研究领域发生的学术论争的一部分，还有许多论争隐含在论文的字里行间，还有的是停留在口头上，或者只是在学术会议、研讨会上引起讨论和争鸣，并不都会以正式论文在标题或摘要中注明的方式出现。此外，基于 CNKI 数据库传播的广泛性特征，以及统计上的便利性，本书只检索了收录于该数据库中的相关文献，但是，这 23 组始论文献和商榷文献基本上

---

① 此处始论文献是指相关人士就某一主题公开发表或出版的论文、报纸文章或专著等引起其他人士关注并对其进行论争的文献。始论文献与论争文献是相对的概念，始论文献是论争文献的所论争的对象。

还是能在一定程度上体现 30 余年来新闻法制研究过程中产生的有重要影响的论争。

2. 研究样本的描述分析

（1）年度分布显现出 2 个数量高峰，分别是 2000 年和 2002 年

30 余年来新闻法制理论争论文献仅在 15 个年份出现，并且始论文献和商榷文献的数量在年度分布上也很不均衡。其中，有两个年份发表的商榷文献数量最多，依次是 2000 年和 2002 年，分别有 16 篇和 11 篇。这显示出中国新闻法制研究中，在学术期刊上公开进行理论探讨的高峰期大致集中在 21 世纪初的两三年。当然，本书所讲显性论争是限定在文章标题或摘要中就明确了被商榷者和观点的范围，因而，这一数值仅仅反映了部分数量的结果，例如，在改革开放初期，许多关于新闻法制理论的不同观念和观点的交换，是通过座谈会、研讨会等形式进行的，而并不都以在期刊上正式发表文章的学术论争形式出现。除了 2000 年和 2002 年之外，其他年份的商榷文献都在 5 篇以内，而且在改革开放之初和 2006 年之后还有一些年份一篇商榷论文都没有。与邵培仁、廖为民（2009）统计新闻传播学学术论争文献时得出的"从显性论争呈现的历史发展态势看，其总体数量是呈周期波动性上升态势"的结论有所不同，新闻法制理论的论争文献并未呈现出具体的规律性特征。

此外，从 23 组始论文献和商榷文献的组内时间来看，始论文献与商榷文献于同一年发表的论争文献有 13 组，于前后两年相继发表的论争文献共 7 组，于前后三年相继发表的论争文献有 2 组，还有一组论争文献的始论文献与商榷文献中间间隔了四个年份。其中，2 组在前后三年相继发表的论争文献的始论文献和商榷文献均是来自法学领域的学者发表在法学专业期刊上的文章，1 组在前后四年相继发表的论争文献的始论文献为新闻传播学领域的学者撰写的专著，而商榷文献的作者则是来自法学领域和新闻传播学领域的学者。该现象说明，法学学者就某一新闻法制理论的问题在学术期刊上正式、公开展开论争所持续的时间较长，而新闻传播学者之间就新闻法制理论问题展开论争及始论者给出答复的

时间间隔较短，这也说明法学学者开展研究时注重对发表较早的文献的参考与借鉴，而新闻学者则与此不同。鉴于专著文献的传播速度慢于论文文献，学术界就新闻法制理论专著中的相关观点所展开的论争及始论者加以回应的时间间隔相对较长。

表 3-7 我国新闻法制论争的始论文献与商榷文献的时间分布

年份	文献总数（篇/本）	始论文献（篇/本）	商榷文献（篇/本）
1996	2	1	1
1998	3	3	0
1999	3	0	3
2000	18	2	16
2001	1	1	0
2002	18	7	11
2003	9	4	5
2004	2	1	1
2005	4	2	2
2006	1	0	1
2008	1	1	0
2010	5	2	3
2011	2	0	2
2013	1	1	0
2014	1	0	1
总计	71	25	46

（2）论争文献主要来源于新闻传播学专业期刊，且《新闻记者》特别活跃

新闻法制理论论争文献出自专业期刊、报纸和专著，以来自期刊的论争文献最多，为 67 篇。始论文献发表在 10 本专业期刊、3 本专著和 1 份报纸上，其中，新闻传播学专业期刊为 7 本，发表始论文献 18 篇，平

均每本期刊发表始论文献 2.57 篇；法学专业期刊为 3 本，发表始论文献 3 篇，平均每本期刊发表始论文献 1 篇。商榷文献发表在 11 本专业期刊上，其中，新闻传播学专业期刊为 6 本，发表商榷文献 40 篇，平均每本期刊发表商榷文献 6.67 篇；法学专业期刊和综合性专业期刊分别为 3 本和 2 本，分别发表商榷文献 3 篇和 2 篇，平均每本期刊发表商榷文献 1 篇。由此可见，新闻传播学专业期刊发表的始论文献和商榷文献在数量上均是最多的，这说明有关新闻法制理论问题的显性学术论争主要是在新闻传播学专业期刊上展开的。

值得注意的是，新闻法制理论问题的显性论争相对集中地发表在少数专业期刊上，《新闻记者》发表论争文献的数量占论争文献总数的 61%；其中，发表在该刊的始论文献数量是始论文献总数的近一半，所占比例为 40%；商榷文献数量占商榷文献总数的比例为 72%，而其余 10 本专业期刊发表的商榷文献占商榷文献总数的比例仅为 28%。基于这种分布状况，基本上可以将《新闻记者》期刊视为我国学者就新闻法制理论问题进行商榷和展开学术论争的主要平台。《新闻记者》作为新闻传播学领域的专业期刊，所刊发的文章既注重理论深度，又紧密联系实际，自 1983 年创刊以来就对新闻法制议题给予了较多的关注，通过开辟"新闻立法笔谈"、发起新闻立法报告会等对新闻法制的相关问题加以探讨。这说明，学术发表平台在推动相关研究的发展方面，往往是个别期刊发挥了带头与推动作用。相对于其他学术期刊，《新闻记者》在促进新闻法制研究上作出的贡献较大。

表 3-8 我国新闻法制论争的始论文献与商榷文献的出处

文献出处	文献总数（篇/本）	始论文献（篇/本）	商榷文献（篇/本）
新闻记者	43	10	33
新闻大学	6	3	3
青年记者	2	0	2
新闻爱好者	2	1	1

续表

文献出处	文献总数（篇/本）	始论文献（篇/本）	商榷文献（篇/本）
新闻传播	2	1	1
国际新闻界	2	1	1
中国法学	2	1	1
现代法学	1	1	0
中国律师	1	1	0
司法改革评论	1	0	1
法学	1	0	1
传媒	1	1	0
新闻战线	1	1	0
社会科学评论	1	0	1
武汉科技大学学报（社会科学版）	1	0	1
经济观察报	1	1	0
中山大学出版社	1	1	0
中国社会科学出版社	1	1	0
新华出版社	1	1	0
总计	71	25	46

（3）论争作者以学者为主，且具有相同学术背景的作者展开的论争居多

关于新闻法制理论问题的23组共计71篇（本）论争文献中，单独署名与多人共同署名的文献比例为62∶9，共涉及74位作者。其中，只有16组论争文献的17篇始论文献和23篇商榷文献的作者的学术背景和职业背景能够明确核实，占总论争文献组数的比例为70%。虽然这个比例不高，但是通过其或许仍可反映一些问题，此处以第一作者为准，将1篇商榷文献的出现视为一个论争回合，对论争双方的背景信息加以考察。

表 3-9 我国新闻法制论争文献的作者背景分布

始论文献与商榷文献作者学术背景	回合数	始论文献与商榷文献作者职业背景	回合数
新闻传播学与新闻传播学	11	学者与学者	15
法学与法学	6	学者与新闻工作者	5
法学与新闻传播学	4	法律工作者与学者	2
法学与"新闻传播学和法学"	2	新闻工作者与新闻工作者	1
总计	23	总计	23

从作者的学术背景来看，新闻传播学学者之间和法学学者之间就新闻法制理论问题展开的论争回合数分别为 11 次和 6 次，两者占总论争回合数的比例为 74%。这说明，有关新闻法制理论问题的争论多数还是在新闻传播学或法学学科内部展开，而反映在学术期刊上正式发表的论争文献中，两个学科之间展开的论争较少。其中，新闻传播学学者就法学学者发表的文献进行商榷的回合数为 4 次，还有两个回合是具有新闻传播学和法学综合学术背景的学者对法学学者发表的文献所作的商榷，这说明新闻传播学或具有综合学术背景的学者对法学学者发表的学术观点给予了较多关注。然而，没有法学学者就新闻传播学者发表的关于新闻法制理论问题研究的文献所作的商榷。这种现象或许可以解释为法学学科的成熟度和专业化程度均相对较高，所以该专业领域的学者不太会"向下关注"、俯就新闻传播学领域的法制文论，新闻法制研究的相关知识在法学和新闻传播学两个学科之间是一种上行的状态。这种情况不利于新闻法制理论的深化和发展，在法学学者开始关注并同新闻传播学学者展开论争和商榷之时，新闻法制理论相关的文论水平或许会产生较为明显的提升，还有一种可能是，当具有法学和新闻学双重学术背景的人才开始增多之时，法学与新闻传播学两个学科背景的人士之间展开的学术论争或许也会随之增多。

从作者的职业背景来看，在高校或研究机构从事研究工作的学者之间就新闻法制理论问题展开的论争回合数为 15 次，占总论争回合数的比例为 62%。从事研究工作的学者历来是推动相关学科理论发展的主力军，新闻法制理论论争文献的作者职业背景以学者为主，符合学术研究的规律。除了学者之外，来自新闻和法律实务界的人士也积极探讨新闻法制理论的相关问题，其中，新闻工作者之间以及新闻工作者对新闻法制研究学者发表的文献进行商榷的回合数分别为1次和5次，这说明新闻工作者对新闻法制理论问题给予的关注较多能够与学界展开论争。法律工作者没有对新闻法制研究学者发表的文献进行论争，相反，学者对法律工作者的相关观点进行的商榷却有2个回合，这说明学者对法律实务界人士的有关观点给予了较多关注和思考。

（4）新闻法制理论学术论争的主题丰富，集中于隐性采访和舆论监督问题

有关新闻法制理论的23组共计71篇（本）论争文献主要围绕新闻立法、新闻权利、新闻侵权、新闻活动与司法的关系、隐性采访和舆论监督等问题展开，其中针对隐性采访和舆论监督问题所展开的论争分别有5组，是引起论争最多的两类议题。这说明，一直以来引起各界人士争议的隐性采访和舆论监督问题在以公开发表文献进行的正式学术论争中得到了较为充分的体现。

除此之外，其他论争涉及新闻立法、新闻职业道德、新闻自由及信息公开等多个相关主题或议题，有些论争是始论者考察新闻传播学整体状况时将之作为其中的一部分加以分析，商榷者则对始论文献中涉及新闻法制理论的某些观点加以质疑，而非就某一新闻法制理论问题专门发表文献引起的论争，例如有学者就《对新闻学中一些基本问题的看法》（1998）一文中关于"新闻自由"问题的探讨提出质疑。

其中，对于隐性采访问题的论争观点单纯地表现为支持与反对，论争双方均从各自的角度提出相应的论证依据。然而，尽管针对该议题所作的论争组数和发表的相关文献均较多，但是，与之相关的论争往往都是局限于商榷者对始论者的某些观点提出质疑，而未见始论者就商榷者的质疑以公开发表文献的形式进行回应。这说明，目前新闻法制研究领域的论争尚不充分，论争应该表现为双方的积极互动，被质疑的文章作

者有必要对质疑者提出的观点进行回应,唯有如此,才能切实推进对新闻法制相关理论问题的研究更加深入和明晰。与就其他主题展开的论争不同,针对舆论监督问题展开的论争不仅涉及舆论监督的主体及其效果等多个方面,而且始论者也多会对商榷者的质疑给出回应,如此一来,关于舆论监督问题的论争也变得更加充分。

(三)我国新闻法制理论学术团体、研究机构及学术会议

学术团体、研究机构和学术会议是各界有共同学术旨趣的人士针对某一主题进行交流讨论的学术互动平台,也是学术共同体的基本存在方式和新闻法制研究专业化程度不断提高的表现,对于推动我国新闻法制学术研究的发展,提升其整体水平具有重要的作用。尤其是学术会议,与会者围绕某一主题展开讨论、争鸣,有利于学术视野的不断拓展和研究问题的逐渐深入。

鉴于新闻法制研究是新闻传播学与法学的交叉领域,该类学术互动平台以隶属于新闻传播学综合平台的方式或自成一体的方式存在,即新闻传播学类的学术团体、研究机构及学术会议大多会将新闻法制作为其关注与探讨的一部分,专门研究新闻法制问题的学术团体、研究机构和专门就新闻法制各方面问题展开论述的学术会议也同时存在,而法学学科内部该类学术互动平台给予新闻法制问题的关照则相对较少。

1. 新闻法制理论学术团体和研究机构

改革开放以来,我国新闻法制理论学术团体和研究机构的发展可分为两个阶段:

第一阶段(1978—1989年),以北京新闻学会[①]和中国社会科学院新闻法研究室[②]对推进中国新闻法制研究作出的贡献较大。作为新中国成

[①] 北京新闻学会成立于1980年2月,于1984年更名为首都新闻学会。
[②] 中国社会科学院新闻研究所成立于1978年8月,于1997年9月更名为新闻与传播研究所。

立后的第一个新闻学术团体，北京新闻学会成立于1980年2月，1984年改称首都新闻学会，它在推动我国新闻法制研究方面发挥了重要作用。我国各界人士开始呼吁制定新闻法之时，该学会及时成立了新闻法制组，约请新闻业务、教育、科研各界人士积极参加新闻法的研究，举行有关新闻法的学术讨论并以研讨会和理事会议等方式，就新闻立法相关的若干问题展开了充分讨论[①]。而且，该学会还办有《新闻学会通讯》和《新闻学刊》，设有新闻法规组等11个学术组，发表了若干新闻法制研究文章。

为了给新闻立法做思想准备和理论准备，经协商之后，由全国人大教科文卫委员会和中国社会科学院新闻研究所双方抽调人员，于1984年5月在中国社会科学院新闻研究所设立了新闻法研究室，这是我国大陆第一个新闻法学的专门研究机构，除担负研究工作外，该研究室在一段时间还承担了新闻法草案的起草工作[②]。新闻法研究室成立以来，编辑出版了不定期刊物《新闻法通讯》，截至1988年11月共出版23期，是各界人士交流探讨新闻法制研究以及新闻法起草工作的平台，也是记录我国新闻立法进展进程的重要载体，其收录的早期新闻法制研究的学术成果和研究资料具有较高的文献价值。此外，该研究室还相继编辑出版了《各国新闻出版法选辑》（1981）和《各国新闻出版法选辑（续编）》（1987），收录了外国和我国香港地区的新闻法规30余件，对非成文法国家或没有专门新闻法国家的新闻法制也以专文编译的方式作了介绍[③]。

除北京新闻学会和中国社科院新闻法研究室之外，为了适应我国加强研究和加快制定新闻法的实际需要，1988年9月国家新闻出版广电总局与北京大学等在北京联合成立了中国新闻法制研究中心。该中心汇集

[①]《新闻立法进入准备阶段》，《新闻法通讯》1984年第1期，第3页。
[②]《首都新闻学会讨论开展新闻法的研究》，《新闻法通讯》1984年第1期，第11页。
[③] 魏永征:《中国新闻法学研究的回顾与前瞻》，2011年7月20日，法律教育网（http://www.chinalawedu.com/new/16900a170a2011/2011720caoxin132441.shtml），2012年12月20日查阅。

了新闻界、法学界和国家机构中从事新闻法制研究的专家、学者,聘请新闻界和法学界的十位老前辈担任顾问,同时聘请有关学者和新闻工作者30余人任研究员[①],以研究中国新闻法制的经验与新闻纠纷案例,研究中国和世界各国的新闻法制理论,收集、整理和编辑各国新闻法规和司法案例的有关文献资料,以草拟、修订、实施《中华人民共和国新闻法》和健全社会主义新闻法制为主要研究任务。该中心成立后第二年举办了新闻立法座谈会,共计50余人就新闻立法所涉及的重要问题各抒己见,呼吁加快新闻立法和保障社会主义新闻自由。

第二阶段（1990年至今）,新闻法制理论的学术研究机构不断成立,对新闻法制理论建设的各方面问题展开充分探讨。1997年5月,面向社会、服务社会的开放式学术研究机构"中国社会科学院新闻研究所新闻与传播法制研究中心"在北京筹备成立,聘任法官、官员、新闻工作者以及专门从事新闻法制问题研究的学者作为首批顾问和特邀研究员。研究中心成立的同时还举办了首届学术研讨会,20余名法律界、新闻界专家学者及新闻工作者就当时的新闻司法理论和实践问题进行了交流,并对我国新闻法制建设和研究的现状与发展前景展开了广泛探讨。

2011年,香港中国法制与新闻调查研究中心主办的中国法制与新闻调查研究中心成立,其宗旨在于配合国家职能部门做好反腐倡廉、法制监督、舆论监督等调研工作。

2013年8月,我国首家新闻传播与新闻法制协同创新中心在北京成立,该中心由中国政法大学主办,中国政法大学、法制日报社、人民公安报社、检察日报社、人民法院报社、民主与法制社、文艺报社和人民网为首批成员单位。该中心以按照"国家急需、世界一流"的要求,开展新闻传播与新闻法制的协同创新研究,培养卓越新闻传播人才,为党

---

① 杨秀武:《中国新闻法制研究中心在京召开新闻立法座谈会》,《中外法学》1989年第3期,第64页;童关:《新闻与传播法制研究中心在京成立有一个新闻法学研究机构》,《新闻记者》1997年8月,第15—17页。

和国家相关部门科学决策提供学理依据和立法建议，提升协同高校在人才培养、学科建设、科学研究等方面的创新能力，提升协同媒体采编人员的业务素质和新闻报道的质量，构建新闻传播与新闻法制的高端学术研究基地、高端人才培养基地、高端传播平台和中国特色新闻话语体系作为其建设目标。

除了全国性的新闻法制理论研究机构，一些政法院校也对法制新闻研究给予了较多关照，并成立了相关研究机构。例如2003年8月中国政法大学法制新闻研究中心成立，其主要工作是积极开展有关法制新闻的经验总结和新闻传播法律的学术研究，致力于促进法制新闻业界和学界的学术经验交流，并以每年召开一次传媒与法律学术研讨会、与新闻媒体合作每年召开一次全国性法制新闻报道研讨会、定期举办培训和理论研讨等多种方式开展学术研究和交流活动；2011年4月华东政法大学法制新闻研究中心成立，旨在加强法学理论界、新闻工作者及上海律师界的互动，提高政法院校的学术科研水平，为中国司法界与新闻界输送更多的精英人才，该中心自2013年开始，每年编写一本《中国年度法制新闻视角》，按照对中国法制进程的意义和公民的关注度与反响度等方面的考量收录当年度中国社会发生的重大法制新闻并加以深入分析，勾画新闻事件背后的社会关系并试图描摹中国法治发展的脉络与历史图谱。

2. 新闻法制理论学术会议

改革开放以来，我国各界人士召开了多场专门探讨新闻法制相关问题的学术会议，从最初以座谈会等形式就新闻立法问题展开的讨论逐渐发展为较成规模以及与国际同行就新闻法制理论各方面问题进行的全面探讨。据不完全统计，1978年至2014年，我国举办的各类规模的专门以新闻法制理论为主题的学术会议多达50余场，并且自2005年以来，我国学者与国外同行共同举办的新闻法制理论学术会议逐年增多，具有一定的持续性和稳定性。

我国专门围绕新闻法制研究主题连续举办多届的较具影响力的学术会议主要有"新闻纠纷与法律责任学术研讨会""新闻与法研讨会""新

闻舆论监督学术讨论会""中国新闻法治建设学术峰会"等。

1991年5月6日至8日,"新闻纠纷与法律责任学术研讨会"在江苏南通举行,会议由上海社会科学院新闻研究所、上海新闻出版局、中国新闻法制研究中心和南通日报社共同主办,来自北京、上海、陕西、浙江、辽宁、江苏等地的新闻界和法学界50多位专家学者出席了会议,围绕如何看待新闻纠纷诉讼增多现象、新闻侵权的构成和应承担的法律责任,以及新闻工作者如何自我保护等问题进行了讨论;1993年4月15日至18日,第二次"新闻纠纷与法律责任学术研讨会"在江苏宜兴举行,会议由中国新闻法制会、国家新闻出版广电总局政策法规司、上海新闻研究所暨新闻记者杂志社、宜兴报社联合发起,来自新闻界、司法界、法学界和新闻出版管理部门领导干部60余人参会[1],围绕新闻侵权的构成和法律责任、新闻纠纷的非诉讼调解、新闻记者的自律和新闻法规,以及司法审判和法制报道等问题作了理论上的探讨;1996年10月24日至26日,第三次"新闻纠纷与法律责任学术研讨会"在马鞍山召开,会议由中国新闻法制研究中心和上海社科院新闻研究所联合主办,来自新闻管理部门、法院系统、大专院校、新闻单位和科研机构的40余名专家学者参会,围绕新闻官司涉及的理论问题与法律问题进行了深入研讨。这三次会议的76篇论文全部收录在《新闻法制全国学术研讨会论文集》中,于1999年由中国民主法制出版社出版。该论文集保存了我国20世纪90年代新闻法制研究的重要文献资料,被列为中国法学会"八五"期间法学研究重点成果,至今仍是新闻法制研究者不可或缺的参考文献来源[2]。

1997年8月29日,"新闻与法研讨会"在北京召开,会议由中华全国新闻工作者协会(中国记协)与检察日报在北京联合主办,40多家新

---

[1] 吴元栋:《寻找新闻批评和侵权责任间的平衡点——记第二次新闻纠纷与法律责任研讨会》,《新闻记者》1993年第6期,第3—6页。

[2] 魏永征:《新闻法学研究的重要成果——〈读新闻法制全国学术研讨会论文集〉》,《新闻通讯》1999年第11期,第52—53页。

闻、法律教学与研究机构以及首都新闻单位的 61 名专家、学者和新闻工作者参加了会议，围绕当时法制新闻报道、新闻侵权、维护新闻工作者合法权益、提高新闻工作者法律素质等问题进行了探讨；1999 年 12 月中旬，第二届"新闻与法研讨会"在北京召开，由全国新闻工作者协会和《法制日报》社联合举办，来自新闻界和法律界的 30 余位专家、学者和新闻工作者参会，围绕隐性采访所涉及的法律、道德及相关问题进行了探讨；2000 年 12 月 20 日至 21 日，第三届"新闻与法研讨会"在天津举办，由中国记协和检察日报社联合举办，来自司法界、学术界和新闻媒体单位的 40 余人参会，围绕新闻舆论监督立法、我国新闻舆论监督行为的法律属性和保障机制、新闻侵权诉讼的审理，以及新闻采访报道权等多个方面进行了探讨。这三次会议所探讨的议题涉及新闻法制理论的多个方面，概括来看分别是以探讨法制新闻报道与新闻侵权问题、隐性采访问题、舆论监督及其法律保障问题为主，其中维护新闻工作者的合法权益及提高新闻工作者的职业素质贯穿在三次会议之中。该会议中与会者的论文未以论文集的形式公开出版，但是《新闻与法制并肩走——"新闻与法"研讨会综述》（1998）、《依法规范和保障新闻舆论监督——第三届新闻与法研讨会综述》（2001）等会议综述文章集中记载了与会者的观点与思想，是了解当时会议情况的重要文献资源。

2001 年 12 月 18 日，第一届"新闻舆论监督学术讨论会"在北京召开，会议由中国青年政治学院新闻与传播系和中国人民大学舆论研究所联合举办，来自新闻学、传播学和法学界的多位专家学者参会，围绕新闻舆论监督的相关问题进行了探讨。此后，该会议已持续举办十三届，来自高校与研究机构的专家学者以及从事舆论监督的新闻工作者等对涉及新闻舆论监督这一议题的理论与实践、国内与国际、历史与现实等各方面的问题展开研讨，产出了一批相关的会议论文，其中一些已结集出版，例如：第一届会议的部分参会论文结集为《中国社会转型的守望者》（2002）一书出版，第三、四届会议的部分参会论文结集为《中国舆论监督年度报告（2003—2004）》（2006）一书出版。该会议为我国新闻舆论监督研究搭建了固定的学术交流平台，对促进相关问题的探讨和深化发挥了重要作用。

2013年1月24日，第一届"中国新闻法治建设学术峰会"在北京召开，该会议由中国行为法学会新闻监督研究中心联合中国政法大学法制新闻研究中心、中国传媒大学电视与新闻学院、法治周末报社共同主办，来自法律界、新闻界的300余位专家学者参会，围绕法治中国和新闻法治探讨了新闻与法律的融合及实现新闻与法律双向合力的相关问题。此后，该会议每年举办一届，至今已举办四届，产出了一批参会论文，其中《新闻法制研究》（2014）一书即是对第三届会议的优秀参会论文的结集。该会议设置有分论坛，邀请来自新闻界和法学界、学术界和实务界的人士就某一新闻法制问题从各自的角度进行探讨的形式，为来自不同领域关心新闻法制问题的人士提供了思想交流与借鉴的平台。

2005年以来，我国召开的新闻法制理论国际性学术会议逐年增多，为国内外学者共同就新闻法制理论的某一主题或具体议题进行探讨提供了重要的交流平台。除2012年5月26日在北京召开的"新闻传播伦理与法制国际学术研讨会"于2014年举办了第二届之外，其他国际性会议基本都只举办一届，但是几乎每年都有会议召开，并且会议地点均在北京。例如："中美人格权法与侵权法高级研讨会"，由中国人民大学民商事法律科学中心与美国耶鲁大学中国法中心于2005年1月22日至23日在北京举办，与会人士就如何平衡公民的名誉权、隐私权与新闻监督权的关系问题作了讨论；"中欧人权对话研讨会·表达自由"，由中国外交部和欧盟委员会于2005年6月20日至21日在北京举办，与会人士就"表达自由范围""信息自由""表达自由的限制"等5个议题展开了7场讨论。

此外，2006年1月22日至23日召开的"司法审查与媒体权利研讨会"、2008年9月25日召开的"中德传媒与隐私权保护研讨会"、2009年11月28日召开的"全球视角下的媒介伦理与责任"、2010年8月23日至28日召开的"媒介伦理与法治高端论坛"、2011年9月26日召开的"中欧媒体侵权法律适用研讨会"和12月11日召开的"数字化时代新媒体使用规范国际学术研讨会"、2012年5月26日召开的"新闻传播伦理与法制国际学术研讨会"、2013年2月22日至23日召开的"媒体侵权案件法庭竞赛暨中欧完善媒体法律保护项目试点总结会"和"中国完善媒体法律保护项目媒体从业人员培训研讨会"等国内外相关机构共同举办的学术会议，为我国关注新闻法制状况的人士与国外同行进行交流搭建了一个学术交流与探讨的平台，对促进我国新闻法制研究更好地与国际接轨具有非常重要的意义。值得引起注意的是，这类会议在媒体或学术期刊上的报道不多，相对于国内会议而言，其内容的扩散与传播并不广泛，学术期刊对该类会议的关照仅仅局限于会议的简要介绍，而对会议内容的传播尚不充分，笔者也未见与之相关的会议文集出版。因此，和国内新闻法制研究会议相比，该类会议若要发挥其促进学术交流、对话与互鉴的作用，还需要会议主办方加强该类会议的宣传以及与会内容和观点的传播。

除了专门围绕新闻法制问题召开的学术研讨会之外，新闻传播学综合性的学术研讨会也经常会将新闻法制研究作为其重要组成部分，以分论坛的形式为关心新闻法制问题的人士提供探讨的平台，例如：1986年4月21日至26日在河南郑州召开的"中国新闻学联合会首届学术年会"，就收到了有关新闻立法方面的论文并就相关问题进行了探讨；2009年6月6日至7日在江苏南京召开的"中国新闻史学会2009年年会暨中国新闻传播专题史研讨会"上，就有参会人士对改革开放30年新闻传播法制史这一议题展开了研讨；2009年10月17日至18日在陕西西安召开的"延安时期文化建设与红色新闻传播事业研讨会"上，也有参会人士就延安时期中国共产党的新闻法制建设状况进行讨论。

上述以各种形式就新闻法制问题展开探讨的国内及国际性学术会议，是我国新闻界与法律界、学术界与实务界人士就新闻法制问题进行充分论争和交流的平台。与显性的学术论争不同，学术会议上除了可能存在的观点上的直接交锋之外，与会者从各自的学术或职业背景出发进行思考并发表意见，其中有些意见是经过深思熟虑形成的，还有一些意见是在讨论过程中即时触发的,该类尚未成熟但对其他人有所启发的观点并不一定会以成文的形式正式发表,通过学术会议的平台进行即时性传播,能够使得与会人士对某种观点的认识更加全面,进而推动相关理论的进一步深化和发展。

第二节　基于研究方法的新闻法制理论文献互动

　　研究方法是学术类文献的主要生产方式,考察相关问题时使用的研究方法不同,不仅对产出学术类文献的学术质量及水平有所影响,还体现了作者对各种类型文献整合与调用的倾向和差异,因此,基于研究方法探讨各种类型文献的互动状况具有一定的可行性。我国相关人士开展新闻法制研究经常使用的研究方法主要有六类,即一般理论阐释法、文献分析法、案例分析法、对比研究法、深度访谈法和问卷调查法。其中,前四类方法在新闻法制研究中使用相对频繁。

　　需要进一步说明的是,对社会科学领域研究方法进行严格的划分具有一定的难度,目前学界尚未形成公认的规范,美国迈克尔·辛格尔特将社会科学研究方法划分为解释与实证方法两类[1],这两类研究方法各自又包含更为具体的内容,如在如何收集事实方面实证研究形成了定性研究和定量研究两大派别,其中,定性研究的主要方法是观察和文献分析,定量研究的主要方法是调查和实验[2]。若再加以细化,内容分析法、实验法、问卷调查法、数学模型法、访谈法、观察法等在表现形式上看均符

---

[1]〔美〕迈克尔·辛格尔特:《大众传播研究:现代方法与应用》,刘燕南等译,北京:华夏出版社2000年版,第63—72页。

[2] 卜卫:《传播学方法论引言》,《国际新闻界》1996年第4期,第32—38页。

合实证研究方法的特征①。因此，本书提出的上述六类研究方法是较为微观层面的划分，并且在很多时候几种方法同时被应用于某项研究中，一般情况下无法非常绝对地判定某篇论文或某本专著仅仅使用了哪一类研究方法，故本书基于研究方法而非具体某篇论文或某本专著逐一对新闻法制研究使用相对较多的一般理论阐释、文献分析、案例分析和对比研究四类研究方法时的文献调用与互动状况加以考察。

此外，任何一项研究都是建立在以往研究的基础之上②，学术类文献是被研究者调用程度最充分的文献类型，该类文献之间的互动程度最高，前文得出的结论已经印证了这一点。鉴于本书的研究思路是从学术类文献出发考察研究者使用不同研究方法时的文献互动状况，因此，本书更加侧重于分析新闻法制研究学术类文献对学术类之外的其他类型文献的调用特征，并进而反映新闻法制理论文献互动的具体状况。

一、一般理论阐述的方法

一般理论阐述是指以分析归纳或概念推理为主展开研究的方法，其思辨性较强。鉴于有些研究只是对新闻活动中有关法制的内容所作的泛泛论述，而并未真正上升到理论阐述的层面，但是又未使用文献分析、案例分析等其他研究方法，此处在理论阐述之前添加"一般"作为补充，扩大了使用该方法的相关研究涵括的范围。这种方法在新闻法制理论研究中的使用相对频繁，在文献调用方面也非常灵活，往往是根据研究主题或议题的需要综合援引各种类型的文献以支持相关论述，该特征在早期的新闻法制研究成果中表现得更为明显，主要有三种情形，即：单纯

---

① 朱书强、刘明祥：《实证研究方法在教育技术学领域的应用情况分析——基于2005—2007年教育技术五学刊的统计分析》，《电化教育研究》2008年第8期，第32—36页、第42页。

② 喻国明、宋美杰：《中国传媒经济研究的"学术地图"——基于共引分析方法的研究探索》，《现代传播》2012年第2期，第30—38页。

援引学术类文献、同时援引学术类文献和法务公文类文献、综合援引多种类型文献。

第一，单纯援引学术类文献的新闻法制研究成果。鉴于有的专业期刊在投稿指南中对稿件参考文献的数量做了如"研究型论文的参考文献一般不得少于5条，不超过20条"或"参考文献不宜过多"[①]等类似的规定，无法确定一些公开发表的学术论文是否真正需要或有必要引用其列举的参考文献。而且，1999年之后专业刊物才逐渐重视学术规范[②]，在此之前的相当一部分论文是没有参考文献的。因此，即使一些作者发表的论文引用了其他作者的学术成果，也无法真正说明其引用行为是出于写作需要还是发表需要，即其是否在引用了被引文献的同时对相应内容加以吸收转化并实现了真正的学术互动。当然，通过仔细研读相关成果的内容仍可明确作者引用行为的真正动机及其对其他研究成果吸收调用的程度与效果。例如姚广宜（2011）的《新闻报道权及其法律属性》一文从法律层面阐述了新闻报道权问题，较好地引用了有关新闻采访方法、法制新闻采访、舆论监督等方面的专著和论文文献作为其观点的支撑，增强了该文论述的学理性和严谨性。又如顾理平（2012）的《中国新闻法治的现实困境及推进思路》一文，在阐述中国新闻立法滞后并影响新闻法治进程的原因的基础上，探讨了推进中国新闻法治的思路，作者在行文中适切地引用了新闻法制研究相关的专著支撑其提出的见解，论述有理有据，增强了文中观点的说服力。

第二，同时援引学术类文献和法务公文类文献的新闻法制研究成果。该类引用行为在作者专门就某一新闻法制理论问题展开探讨时出现的较多，一般是借助学术界对相关问题发表的观点以及已有法律法规等法务公文类文献对相关问题所作的规定进行分析，在理据充分的基础上增强

[①] 分别摘自《新闻界》投稿指南和《青年记者》投稿指南。
[②] 张振亭：《中国新时期新闻传播学术史研究》，南昌：江西人民出版社2009年版，第83页。

相关论述的权威性和说服性。例如：谭世贵（1999）的《论司法独立与媒体监督》一文，在考察我国司法的特点时引用了中共"十五大"报告、《刑事诉讼法》等有关政策文件和法律规定中有关司法的内容，并在新闻媒体监督如何重点监督司法部分援引《最高人民法院工作报告》和《最高人民检察院工作报告》的相关数据说明司法队伍中确实存在腐败问题需要媒体的监督，而且还综合已有学术类文献的观点作了全面分析，充分调用了学术类文献和法务公文类文献作为其深入分析的论据支撑。又如侯健（2002）的《舆论监督与政府机构的"名誉权"》一文，指出由批评性言论引起的政府机构名誉问题主要是公法性质的问题，并通过综合引用《宪法》《刑法》《民法通则》《治安管理处罚条例》《关于审理名誉权案件等若干问题的解释》等法律规范的有关条款和相关论文与专著，论述了以公法方面的规定来代替在私法上赋予政府机构名誉权的做法具有可行性的观点，既丰富了文章论述的法律依据和学理依据，又体现了研究的逻辑严谨性并增强了研究的深度。

第三，综合援引多种类型文献的新闻法制研究成果，即除了学术类文献和法务公文类文献之外还较多引用来源于报纸与网络等载体的其他类型文献。相较于前两类引用情形而言，该类文献调用情形在专著类文献中出现的较多，这是因为，相对于论文所探讨问题的集中性特征，专著具有全面性和综合性的特点，往往也会全面引用能够支撑其论争的多种类型的相关文献。例如李缨、庹继光（2009）的《法治视野下的司法传媒和谐论》，该书全面探讨了司法与传媒关系的多个理论议题，在"司法规制传媒的合法规范分析"部分作者引用了较多来源于报纸和网络的文献，该类被引文献的发表和传播载体虽然为报纸或网络，但其作者多数还是学术界人士，且文献仍是以理论探讨性内容为主，而非新闻报道类的稿件。但是，根据研究问题的需要，一些研究成果也引用了不少来自报纸和网络的新闻性较强的非理论性文章，如姚广宜（2013）的《中国媒体监督与司法公正关系问题研究》一书，在"媒体对司法的影响"部分，作者举例论述了媒体在报道与监督司法中存在的多方面问题，其中就不乏来自报纸和网络载体的相关案例的报道与评论文章。需要说明的是，该类研究成果中虽然引用了较多其他类型文献，但是仍是以引用学术类文献和法务公文类文献为主，新闻法制研究的专著或论文仅仅将报纸或网络等其他类型文献作为参考文献的情况较少。

二、文献分析的方法

文献分析法是指作者通过对收集到的文献资料进行研究，以探明研究对象的性质和状况，并从中引出自己观点的分析方法[①]。其中，既有对各种类型的多个文献资料所作的综合分析，也有专门考察某种类型文献或某一文献资料的研究，研究对象决定了作者对各种类型文献吸收与调用的程度。从分析的文献类型来看，我国新闻法制理论成果中的文献分析主要包含对法务公文类文献的分析和对学术类文献的分析两种情况。

第一，对法务公文类文献的分析主要是对法律法规、新闻政策、领导人讲话、裁判文书等文献进行分析，其中，对法律法规文献进行分析的研究最多，主要包含基于法律法规的某些条款解读新闻法制理论问题、基于新闻活动的某些现象思考法律法规的制定问题、基于新闻法制活动积累的经验对法律法规的制定提出建议，对新闻政策进行分析的研究次之，而专门对领导人讲话和裁判文书文献进行分析的研究最少。

其中，基于法律法规的某些条款解读新闻法制理论问题的研究一般是在相关的法律法规文件出台之时，学术界通过对法律法规条款的梳理和审视，将其与社会现实中存在的问题结合考察和阐释，进而发现相关法律法规在推动新闻法制建设方面的作用或者对其中的某些条款提出质疑。该类研究所调用的法律法规文献多是在作者撰文之前不久颁布施行的，体现了学术界对于立法实践的密切关注和反馈。例如：学术界对最

[①] 萧浩辉、陆魁宏、唐凯麟：《文献分析法》,《决策科学辞典》, 北京：人民出版社第1995年版；转引自 CNKI 学问 http://xuewen.cnki.net/R2006080690000921.html。

高人民法院于2009年颁布的《关于人民法院接受新闻媒体舆论监督的若干规定》这一司法解释文件所作的解读，林爱珺（2010）撰文指出该《规定》具有明显的积极意义，并集中对其中第九条进行剖析，探讨了有关规范和调整媒体与司法关系的问题[①]；而陈堂发（2010）在肯定《规定》为弱化法院拒绝媒体采访报道提供了文本依据的同时，指出了其对媒体正当权利的应急救济缺乏具有操作性的设计，建议立法或监管部门出台相应的配套规范、作出具体规定[②]；杨彬权（2010）则从六个方面加以分析，对该《规定》在实质上是否真正是让司法接受媒体监督提出了明确的质疑。除此之外，学界还对《关于民事诉讼证据的若干规定》《政府信息公开条例》《保守国家秘密法》等多个法律规范文件从不同的角度结合新闻法制实践中的具体问题进行了全面探讨[③]。

基于新闻活动的某些现象讨论法律法规制定问题的研究，是在考察新闻活动中涉及法律规范的现象和问题时，从实际需求的角度指出当前法律法规存在的不足和需要完善的地方，并为解决相应问题就法律法规的制定建言献策。这类研究是以新闻活动中存在的具体问题为切入点，由此考察已有的法律法规文件尚不完善之处并进而提出新的立法设想和建议。与前述直接以已经制订实施的有关新闻活动的法律法规文件作为分析对象的研究不同，该类研究所考察的对象是尚未制订实施的，作者一般以呼吁制订相关法律法规为目的，结合学理分析拟定相关的规定和

[①] 林爱珺：《宽容舆论监督维护司法尊严——从最高法院〈关于人民法院接受新闻媒体舆论监督的若干规定〉谈传媒与司法关系》，《新闻记者》2010年第2期，第36—40页。

[②] 陈堂发：《媒体与司法关系如何规范——评最高人民法院关于法院接受舆论监督的新规定》，《当代传播》2010年第3期，第87—89页。

[③] 例如曾励：《试论隐性采访的法律定位——解读〈关于民事诉讼证据的若干规定〉》，《新闻与传播研究》2002年第3期，第20—23页；赵振宇（2010）的《严格问责制：确保〈公开条例〉有效实施——〈中华人民共和国政府信息公开条例〉实施两年来的问题与思考》，《新闻记者》2010年第8期，第13—16页；赵弢：《以"公开为原则"是现代保密制度的基本理念——对新颁布〈保守国家秘密法〉的文本解析》，《新闻记者》2010年第10期，第80—83页；等等。

条款。例如：魏永征于1993年在《新闻研究资料》发表论文指出，在我国，由新闻报道引起的法律纠纷必须以法律手段加以调整而不能再单靠行政手段加以解决，结合当时一些类似新闻官司存在较大判决差异现象给新闻界和司法界带来不利的影响，他提出应加快制定"新闻纠纷和诉讼条例"一类的单行法规对新闻报道引起的纠纷加以调整，并对六个方面的原则作了具体阐述[①]。除此之外，在探讨新闻舆论监督实践过程中新闻工作者权利屡受侵害等现象时，一些学者也提出了尽快制定"舆论监督法"的建议，并对该项立法中的具体问题加以分析，呼吁学界应将研究重点集中于探讨"如何制定舆论监督法"[②]。

基于新闻法制活动积累的经验，对法律法规的制定提出建议的研究是在考察有关法务公文类文献资料的基础上，力图将新闻法制建设过程中的相关情况与经验通过法律法规的形式加以确定并正式出台。该类研究的法理实践价值高于其学理性，一般是以专门的法律法规建议稿的形式发表，所调用的文献资料的种类和数量较多、历时较长，且包含具有一定权威性的司法案例和裁判文书等。例如：京沪两地新闻法制实务人员组成的课题组（2006）对"新闻侵害名誉权、隐私权新的司法解释"课题的研究以《新闻侵害名誉权、隐私权新的司法解释建议稿》一文的形式发表，该研究成果包含"条文部分"和"依据部分"，其中的"依据部分"以调用法律法规文献为主，还引用了较多新闻报道和法院判决书文献，旨在根据新闻法制实践的具体情况对提出的建议加以佐证。

相较于对新闻法律法规从多个角度进行分析的研究而言，学术界专门对新闻政策所作的研究数量不多。较为典型的有郎劲松所撰我国首部系统研究中国新闻政策体系的学术专著《中国新闻政策体系研究》

[①] 魏永征：《从新闻改革看"新闻官司"——兼论制订"新闻纠纷和诉讼条例"的必要性和可能性》，《新闻研究资料》1993年第2期，第82—94页。

[②] 唐光怀：《制定我国〈舆论监督法〉的可行性分析》，《邵阳学院学报》2003年第1期，第44—47页。此外，作者唐光怀还发表十余篇论文分析新闻舆论监督立法问题。

（2003）一书①。该书对新中国成立后的新闻政策进行了宏观的定性研究，主要是以中国报业的新闻政策为个案进行分析，旨在通过梳理中国在不同历史时期的新闻政策的情况，展现其进步趋势与当前困扰，并尝试建构一种科学规范、符合国情而又整体协调、优化的新闻政策体系②。该书虽未将其集中分析的新闻政策文献在"参考文献"中全面列出，但其将新闻政策作为研究对象，首先就需要对既有的新闻政策文献进行尽可能全面的检视和援用，该书的附录部分还系统梳理和汇总了中国新闻政策大事记，对其他学者考察我国新闻政策文献提供了非常有价值的参考。

鉴于新闻政策的灵活性、阶段性特征，在某一特定时期，我国的某些新闻政策会有明显的变更和集中调整，由此也会引起学界的关注。例如，2008年北京奥运会期间，我国新闻对外开放政策有所调整，陈绚（2009）、宋晖（2009）、禹建强、林玮（2009）等作者均基于具体的新闻政策文献对北京奥运及其筹备前后中国新闻政策的变化进行了对照分析，这些文章及其所引用与考察的新闻政策文献对其他学者了解这一阶段我国新闻政策的情况具有很大帮助；又如，郑保卫（2005）考察了我国十六大以来新闻政策的调整与创新，蔡铭泽（1996）、向芬（2012）和岳淼（2007）等作者分别考察了民国时期和我国新时期新闻政策的相关情况。此外，"虽然共产党的政策不等于法，但当党的某些规范性政策由于某些原因还来不及制定为法律、法令，而在实际生活中又必须予以执行时，这些政策也可以起到法的作用。③"因此，在探讨新闻政策相关的研究中，也不乏对新闻法律法规文献的兼及论述或将新闻政策与新闻法律法规或宣传纪律混为一谈的情形。

与分析新闻法律法规与新闻政策文献的研究相比，对我国领导人

---

① 石宗源：《着眼于未来的深层思考（代序）》，郎劲松：《中国新闻政策体系研究》，北京：新华出版社2003年版，第6页。
② 郎劲松：《中国新闻政策体系研究》，北京：新华出版社2003年版，第1—6页。
③ 魏永征：《中国新闻传播法纲要》，上海：上海社会科学院出版社1999年版，第20页。

讲话进行分析的研究更少。曹鹏（2008）通过对新闻出版广电总局关于进一步做好新闻采访活动保障工作的通知和中共中央政治局常委李长春同志在第十八届中国新闻奖、第九届长江韬奋奖颁奖报告会上的讲话加以仔细研读，指出新闻出版广电总局发布的通知与李长春同志的讲话互为表里，都是为新闻工作者队伍建设提供指导并提出要求，并对李长春同志讲话中着重强调的新闻单位人才培养工作的内容作了详细分析。又如陈力丹、郭欣（2008）对胡锦涛视察人民日报社的讲话提出的"按照新闻传播规律办事"的思想及其三个实施步骤进行解读；陈力丹（2013）以习近平总书记在2013年8月19日宣传思想工作会议上的讲话内容为圆点，梳理了习近平2012年11月以来关于宣传工作的论述，分析了党中央提出的领导人报道遵循工作需要、新闻价值和社会效果的学术意义，进而指出宣传工作要胸怀大局把握大势。此外，以某位党和国家领导人的新闻思想为研究主题的学术成果中，如《胡锦涛新闻思想研究》（吴健，2010）、《论胡锦涛新闻思想的理论贡献》（郑保卫，2011）等文，一般都是通过梳理领导人关于新闻工作的讲话内容并从中归纳其相关思想，该类研究成果对领导人关于新闻工作的讲话文献所作的梳理较为系统，是之后学者相对集中获取领导人针对新闻宣传工作讲话文献资料的较为有效的来源与线索。但是，上述列举的这些对我国领导人讲话进行分析的研究中，一般涉及些许与新闻法制相关但是又没有非常明确关联的内容，而在新闻法制领域内专门对我国领导人讲话进行分析的研究则更为少见。这是因为，我国领导人几乎很少专门论述甚至是仅仅提到新闻法制的问题，这种现象也辅助说明了为何我国新闻法制理论研究文献中对党和国家领导人的讲话引用较少的问题。

裁判文书文献引起的学术界关注尚为不足，对此进行专门分析的研究较少。比较典型的有，陈志武（2005）通过对52件司法裁判文书和158条相关新闻报道的分析，指出在表达自由和名誉权保护相互冲突时，中国法院往往更倾向限制媒体表达权。虽然其使用的裁判文书数量较少，但是在我国学术界尚未对该类文献给予足够的关注时，仍具有重要的价值。其后，徐剑、葛岩（2015）以1998至2010年间215份媒体名誉侵权司法裁判文书为样本，分析了我国法院涉及媒体表达自由与名誉权保护关系案件的裁判方式。这类将裁判文书作为分析对象并以此来考察新闻法制相关议题的研究还较少，这与裁判文书不公开有一定的关系，分析裁判文书还对研究者的司法裁判知识储备有一定要求，这也是造成以裁判文书为对象的文献较少的原因。随着中国裁判文书网的设立及各级人民法院生效裁判文书的统一公开发布，该类文献可能会成为越来越多学术界人士加以专门考察和分析的对象。

第二，对学术类文献的分析主要表现为两类，一类是对与新闻法制议题相关的经典文献的考证和分析，主要是考察经典文献的历史背景或其作者就某一具体问题所提出的观点；一类是对某一时期新闻法制研究积累的学术成果的分析，是研究者基于自身的专业判断使用综述的方式对新闻法制研究成果所作的梳理和描述。

其中，对经典文献的考证和分析，主要是指对马克思主义经典文献中有关新闻法制问题的内容所作的考察，这部分文献在为我国新闻法制研究提供理论支撑方面起着极为重要的作用。例如，在《国际新闻界》期刊发起的"马克思恩格斯新闻观论著考证研究"话题中，所刊登的文章中就有一些内容涉及了新闻法制的问题。其中，陈绚（2013）撰文对马克思和恩格斯在审理《新莱茵报》诉讼案的陪审法庭上的两篇演讲稿作了考证，对马克思和恩格斯新闻出版自由思想的一贯性进行了论述，基于原著解释了自由报刊的性质[1]；陈继静（2013）的文章研究了马克思《普鲁士出版法案》的撰写背景，进而归纳了马克思出版自由观念经历的三个发展阶段，将该文视为马克思出版自由观演进的一个重要环节[2]。这

---

[1] 陈绚：《报刊的价值：不能让揭露"失去意义"——马克思恩格斯〈新莱茵报审判案〉一文的原著考证研究》，《国际新闻界》2013年第3期，第16—25页。

[2] 陈继静：《书报检查、出版法与出版自由——马克思〈普鲁士出版法案〉管窥》，《国际新闻界》2013年第3期，第6—15页。

类研究成果是专门以某一部或某一篇经典文献作为分析的对象，所援引的文献资料一般都来自《马克思恩格斯全集》，通过对某一具体文献及其中所体现的有关新闻法制思想的某些方面进行考察，既是对内容较为丰富的相关文献资源的解读，也是对该类文献资源的更加细致和深入的挖掘和提炼，其所引用的来自《马克思恩格斯全集》中的内容为之后的学者考察马克思、恩格斯关于新闻法制研究某个方面的思想提供了较为集中和具体的文献资源。

对某一时期新闻法制研究的学术成果所作的分析，主要是指将某一阶段关于新闻法制研究的相关议题加以归纳和梳理，然后以文献综述的形式发表，这对其他学者了解相关议题的研究情况提供了较为宏观的图景，其所引用的参考文献基本以论文类文献为主。例如：以"某某年新闻传播法研究综述"为题目的文章，是通过梳理某一年份或某些年份有关新闻传播法的论文等研究成果，将之分别归入新闻立法研究、新闻侵权研究、传媒与司法关系研究、新闻法制史研究、外国新闻法研究等几个方面，由此形成对新闻法制研究情况的综合考察；又如以"新闻侵权研究综述"等特定领域或问题为标题所发表的文章，是专门对新闻法制的某个具体主题在一个时间阶段内研究情况的较为细致的考察，学位论文的文献综述部分所作的相关主题的研究现状考察，即属于此类文本。相对于前述对某一具体经典文献进行的分析而言，该类文献综述式的研究一般不会对其考察范围内的文献进行深度的阐述，而是通过梳理和介绍相关文献中的核心观点呈现该主题的研究在哪些方面有所进展或形成了哪些新的观点，从而为其他的研究者快速了解特定研究领域或研究主题的发展现状情况提供便利的参考。

三、案例分析的方法

案例分析是指通过对具有典型意义的案例进行学理分析，从中发现立法和司法的成功与不足，进而针对法律漏洞寻求填补办法，促进立法体系的完善[①]。随着越来越多涉及新闻活动的案例通过官方或者非官方的渠道、以纸质或者网络的形态被公布出来，采用案例分析方法开展的新闻法制研究逐渐增多。具体来看，新闻法制研究中的案例分析主要包括个案分析和类案分析两种形式，其中以个案分析居多。需要说明的是，一些学者在研究成果中穿插各种案例辅助论述，这种情况原则上不属于本书所称的案例分析。

第一，新闻法制研究中的个案分析是针对具有典型意义的案例，结合案情或判词说理，就特定问题挖掘案例中有意义的内容加以分析和讨论，以明确特定规则或原则在个案中的适用情况[②]。我国新闻法制研究中使用个案分析法产出的研究成果较多，而且多是将公布在报纸或者网络载体上关于新闻事件的报道作为个案分析的文献来源，此类研究即时性较强，多是通过个案考察新闻立法或司法中的相关问题。例如：魏永征曾于1990年在《新闻知识》杂志的"新闻与法律"专栏上连续登载"新闻官司面面谈"系列文章，每期一篇，持续一年以上，共发表文章20篇，每篇文章都是围绕现实中发生的具体新闻法制案例论述某一法律问题；从1998年开始，魏永征教授又在《新闻三昧》开办的"新闻法学讲座"持续三年共发表34篇文章，每期就一个话题发表一篇文章，多数是以现实中发生的案例为由头，阐释新闻法制的相关议题，这些发表于专栏上的文章即采用了个案分析的研究方法，其文末标注的参考文献大部分是来自各个报纸的新闻报道。

随着网络的日益发展，新闻法制个案分析的文章中引用的案例资料越来越多来自网络载体，例如，采用个案分析方法对2010年发生的药家鑫案进行解析、评判的研究成果中，有关案例事实部分的参考文献即以来自网络的新闻报道或评论文章居多。使用个案分析的新闻法制研究成

---

① 王利明："序言"，载于王利明主编：《中国民法案例研究与学理研究·总则编》，北京：法律出版社1998年版。

② 张家勇：《探索司法案例研究的运作方法》，《法学研究》2012年第1期，第53—55页。

果一般是在相关案例出现之后对其所作的较为即时的论述，而研究者对有关案例报道的报纸或网络资源的引用，从某种意义上讲是从纷繁复杂的事件报道中提炼出较为切合事件本源的报道性文献资源，这也为其他学者在之后进行同向研究时，更加方便、全面地检视该案发生后的可见事实性文献提供了有益的参考。

第二，新闻法制研究中的类案分析是对某一类别的相似或相关案例进行的整体研究，通过辨别案例之间的异同，以确立类型区分或促成抽象规则的具体化。鉴于类案分析的前提是依据案例的具体特征确立类型划分，也可以将之视为个案分析的扩展形式。目前我国新闻法制研究中使用类案分析的研究成果相对较少，与使用个案分析的研究成果相比，其学理阐释的内容较少，而更多是将具有某些共同特征的案例的相关资料汇集在一起，或者侧重于对相似案例进行数量上的统计。由此，该类研究成果所引用的文献资料来源也更为广泛，相对于个案研究主要援用报纸和网络上相关事件的报道与评论文章，类案研究对裁判文书等较具权威性的法务公文类文献的调用更为频繁。

例如：高秀峰、谷辽海等人编辑的《中国新闻侵权判例》一书（2000），是对我国20世纪90年代的12例新闻侵权判例所作的汇编性文献，书中所有判例均以"案情简介""民事诉讼状""证据材料""代理词""判决书""抗诉书""代理词""判决书"等内容形式编排，虽然主观性的学理阐述不多，但是对来自不同渠道的关于案例报道及判决的客观性资料的收集与汇总编排，为之后的学者对相关案例进行研究提供了颇为丰富的文献资料。又如刘海涛、郑金雄等编著的《中国新闻官司二十年1987—2007》（2007）一书的价值，也一定程度上体现在为之后的学者展开研究提供较为客观性和权威性的原始资料。除此之外，也有一些学理阐释性的类案分析研究成果，例如周安平（2013）从多个角度对其选取的10个新闻法制案例加以分析，揭示了舆论与司法之间的紧张关系，同时探讨了形成这种紧张关系的原因。该类研究成果在文献资料的援引方面，从某种程度上来看与使用一般理论阐述方法的研究成果具有相似之处。

四、比较研究的方法

比较研究是指对两个或两个以上的事物或对象加以对比，以找出它们之间的相似性或差异性的一种分析方法①。新闻法制理论的比较研究主要是对不同国家的新闻法律制度及实践或对同一国家不同时期的新闻法律制度及实践进行对比，考察和区辨不同国家或某个国家不同时期新闻法制的特点及异同之处。其中，以对国内外新闻法制规范进行的比较研究居多，研究所使用的文献资源以各国的新闻法律规范文件等为主。对我国在不同时期制定实施的新闻法律制度进行的比较研究，则主要以考察历史上所施行的法律制度为主，其所援引的文献资料多是中国的法务公文类文献史料。

第一，对不同国家新闻法制规范进行比较的研究成果以对比我国与其他国家或地区相关状况的研究居多。该类研究成果，一方面能够帮助读者在了解其他国家相关法律规范的同时更为直观地了解我国新闻法制的具体特点，另一方面该类研究成果所发挥的文献参考方面的作用也非常重要，一些学者在写作中论及其他国家新闻法制规范时转引该类研究成果中的相关文献资料的现象即可说明这一点。例如：张西明（2002）的博士论文对英美法系和大陆法系的新闻法治和自律从宏观到微观作了全面的比较研究，其在对两大法系新闻法治和自律进行综合比较的基础上，还对法国、德国、意大利、英国和美国五个国家的新闻法治和自律作了具体阐析，援引了大量上述国家的法律法规，对其中关于新闻法治与自律的部分加以考察和分析，在提供上述国家法律法规中有关新闻法治规定的相关资料方面具有重要的文献引荐作用。此外，还有一些学者使用比较研究的方法专门考察了其他国家或不同地区之间的新闻法制状况，如辛香兰（2009）撰文对韩国和法国《新闻法》的具体条款逐条作

---

① 林聚任、刘玉安：《社会科学研究方法》，济南：山东人民出版社2004年版，第11页。

了比较[1]，魏永征（1999）对中国大陆新闻法制的具体议题与台湾地区的相关规定进行的比较[2]，这些研究成果在对照我国相关法律规范的基础上系统梳理其他国家或地区的法律法规文献，对其他学者了解不同国家或地区新闻法制规范提供了基础性的文献参考。

第二，对我国不同时期制定实施的新闻法律制度进行的比较研究，以考察历史上的相关法务公文类文献为主。该类研究一般是将涉及新闻活动的具体法律规范作为分析对象，结合其制定实施的历史背景，考察不同时期同类法律规范之间存在的差异和变化，以求对相关法律规范更替、发展的原因、规律及进退得失有所了解和把握。例如：王晓迪（2010）的硕士论文将表达自由、出版自由、传递自由和采访自由作为衡量标准，以光绪帝发布开放报禁的上谕为起点，选取之后中国各个历史时期颁行的具有代表性的多部新闻法律法规进行比较研究，总结了近现代以来中国新闻立法的历史经验与教训[3]，是为了解中国新闻立法的历史进程提供了规范文件梳理和解读的一项较为全面的成果。

第三节　中国新闻法制理论文献互动的效果

基于研究主体和研究方法的新闻法制理论文献互动，从不同的角度对推动中国新闻法制建设发挥着各自的作用：研究主体产出相关的学术类文献时，不同学术背景、职业背景主体之间的合作与论争对促进新闻

---

[1] 辛香兰：《韩国〈新闻法〉与法国〈出版自由法〉的对比研究》，《新闻传播》2009年第12期，第94页。

[2] 魏永征：《中国大陆新闻侵权法与台湾诽谤法之比较》，《新闻大学》1999年第4期，第16—22页。

[3] 王晓迪：《"新闻自由"视域下中国新闻法律、法规比较研究》，硕士学位论文，辽宁大学，2010年。

法制学术类文献的研究深度和广度具有重要意义；使用不同研究方法所产出的相关学术类文献，决定了其对各种类型文献的调用程度，对挖掘和整合相关文献的内容并将其加以传播具有重要意义。

有互动，便会有彼此的因应和影响。在新闻法制理论的研究中，不同类型文献之间的影响，一方面表现为学术类文献对法务公文类文献的调用或将其作为分析对象，另一方面也表现为后一类文献对学术类文献的借鉴或吸收，这就是理论源于实践并服务于实践的具体体现。考察新闻法制学术类文献对法务公文类为主的其他类型文献所产生的作用，可以发现，目前我国新闻法制实践领域还存在对新闻法制学术类文献利用不充分的现象，也可以说学术类文献对推动我国新闻法制实践的发展还有很大的提升空间。

新闻法制研究产出的学术类文献不仅应该具有关切现实的问题意识，善于对现实发言，也确实能够为国家的新闻法制建设有所促进和贡献。以中国司法使用"公众人物"概念为例，魏永征、张鸿霞（2007）将"公众人物"和"公共人物"作为关键词对北大法意中国司法案件资料库中裁判文书和媒体案例两个子库进行全文检索，仔细阅读并剔除不相关案例，再结合作者平日积累的案例，共得到使用"公众人物"的案例20件，对其进行分析发现，收集到的相关案例中凡使用了"公众人物"一词的，都是发生于2000年以后的案件，由此作者推定"公众人物"这个词语正是通过20世纪90年代以后媒介法和民法学术界基于美国萨利文案的介绍与评论进入中国司法实务界的[①]。虽然魏永征、张鸿霞（2007）考察了中国司法实践应用"公众人物"概念的情况之后认为，美国萨利文案的公众人物抗辩原则目前不适合中国的国情，但是，中国学者对美国萨利文案和公众人物概念的热情推介实质上对司法实践产生了影响，这是学术类文献对法务公文类文献产生影响的一个典型案例。又

---

① 魏永征、张鸿霞：《考察"公众人物"概念在中国大众媒介诽谤案件中的应用》，《中国传媒报告》2007年第4期，第39—58页。

如，由法学界学者和司法实务界人士合作承担的旨在研究媒体权益保护和媒体侵权责任法律适用的国家社科基金项目"媒体权利和责任司法界限研究"，其课题研究成果"中国媒体侵权责任案件法律适用指引"作为学术类文献，在指导审判实务方面也发挥了一定的指引作用，该适用指引分别在北京市海淀区法院和朝阳区法院进行过为期半年的试点，为法院判决媒体侵权责任案件的法律适用提供了一定的参考依据[①]，反过来也为完善这一研究成果提供了法务工作的相应的建议。该课题研究成果的形成过程也体现了学术类文献与法务公文类文献之间的互动与影响。

然而，从整体上看，在新闻法制研究中上述两类文献之间的互动仍不充分，主要表现为学术界对新闻法制相关议题的探讨多数还较难影响到新闻法制的立法与司法实践，或者说这种影响需要的时间更长且效果尚不显著，当然，这也与法务公文类文献的稳定性与严肃性等特征有很大关系。例如：魏永征（2013）的《新闻传播法教程》一书的第三版中引用了2009年颁布的《侵权责任法》规定职务行为实行替代责任的法条（第三十四条），他指出，1993年最高人民法院《关于审理名誉权案件若干问题的解答》中第六问的内容违反替代责任原理，应作出相应的修改，"但是三年多来并未见到最高人民法院有什么表示"。直到该书出版至第四版时，作者又进一步指出"1993年《解答》把替代责任只限于当事人同时起诉新闻单位与本单位记者的侵权责任这种情况，已不符合现行法律的规定"[②]，但这仅仅是学术类文献对新闻法制相关议题的探讨及其对法务公文类文献的修改建议，至今尚未产生实际的效果。

总的来说，法务公文类文献与学术类文献之间的互动关系更多地表现为学术界通过发表研究成果的方式对新闻法制实践展开评析与论述，而超前于新闻法制实践的相关研究成果虽然能在某种程度上对新闻法制

---

① 《立法必须保障媒体表达的安全感——访中国媒体侵权责任案件法律适用指引课题组负责人杨立新》，《人民代表报》2013年5月30日第5版。

② 魏永征：《记者不会上被告席了——〈新闻传播教程（第四版）〉修订札记之四》，《青年记者》2013年第22期，第72—73页。

实践产生一定影响，但是这种影响所需的时间更长、显性效果亦颇有限。值得关注的是，学术界和实务界人士的合作在推动相关研究成果对新闻法制实践产生作用并获得反馈方面具有一定的积极作用。

结　论

本书考察、分析了我国新闻法制研究自改革开放以来30余年积累的各类文献，这些文献是我国新闻法制理论立足其上的文本资源和进一步拓展、进阶的知识基础。

本书首先考察了我国新闻法制理论文献的类型，指出以法律法规、政策文件、领导人讲话、裁判文书和提案议案等文献资料为主的法务公文类文献和以专著与论文为主的学术类文献构成了我国新闻法制理论研究主要的文献基础。

通过分析我国新闻法制研究高被引的103篇期刊论文的903条参考文献发现，学术类文献是我国新闻法制研究高被引期刊论文中引用最多的文献类型，而法律法规等法务公文类文献在我国新闻法制研究高被引期刊论文中的被引频次则远远低于学术类文献和以报纸与网络资源为主的其他类型文献的被引频次。经过对选取的高被引期刊论文逐篇翻阅之后发现，诸多文章中虽然引用了法律法规等文献，但是施引者习惯于在正文中给出法律法规的名称和条文，而并未以注释或参考文献的方式标出。由此可见，并不能因为客观数据所反映的法务公文类文献被引频次较低就断定该类文献在新闻法制研究中被重视与吸收利用的程度较低，而这种现象也提示相关作者应该注重对各种类型引文进行规范性标注，这对其后学者综合考察新闻法制研究的引文状况时得出客观真实的结论具有重要作用。

在新闻法制研究高被引论文中被引频次最高的学术类文献中，以专著和期刊论文所占的比例最大。被引次数在3次以上的专著或期刊论文中，出版或发表于1995年之前的仅有《新闻侵权与诉讼》《被告席上的记者》和《人格权与新闻侵权》三本关于新闻侵权研究的专著；此后被引次数最多的专著和期刊论文多是出版或发表于1998年至2000年之间的研究成果，其中，专著涉及新闻活动与司法的关系、国外新闻法制以及新闻表达自由问题等多方面内容，期刊论文则均是探讨有关新闻活动与司法关系内容的。鉴于高被引期刊论文对其他作者的影响不仅仅单纯局限于内容方面，其引文对读者获取和阅读相关文献也有指引作用，有可能对其他学者产生影响，进而带动这些参考文献的再次被引用，由此可推断，新闻侵权和新闻活动与司法的关系两个新闻法制研究主题得到的学术界关注相对较多，我国最早的关于新闻侵权研究的专著对以后的研究发挥的影响较为持久，而关于新闻活动与司法的关系研究则以期刊论文对研究相关问题的学者产生的影响较大。

其次，本书考察了我国新闻法制理论文献的主题，结合其他学者对新闻法制研究主题所作的划分和本书选取样本的研究主题情况进行分类，分别对新闻法制研究相关的期刊论文、专著和文献综述的主题从多个角度进行分析。

从期刊论文来看，新闻法制理论的文献主题，可分为新闻立法、新闻活动与执法的关系、新闻活动与司法的关系、新闻权利、新闻义务、新闻侵权、新闻法制综合研究与其他共计八类主题。通过对各类主题论文的分布时间进行统计，除了新闻法制研究第一阶段的时间划分外，从客观数据上大致契合了学术界一直以来对新闻法制研究后两个阶段的划分观点，即：第一阶段的时间范围大致是1979年至1988年，研究主题围绕着起草《新闻法》展开；第二阶段始于20世纪90年代初，研究主题的重点是新闻侵权问题；第三阶段时间跨度为20世纪90年代后期至今，是新闻法制研究新的活跃期，表现为研究的深化和综合。其中，本书所得结论与学术界对第一阶段研究的归纳不符,这与本书样本选择以及早期各界人士探讨新闻立法问题的交流与传播方式等均有一定关系。此外,本书还从论文的分布期刊、研究性质、研究时期、研究地域及研究层面等多个角度对新闻法制期刊论文中的研究主题作了分析。

从专著来看,新闻法制理论的文献主题,划分为新闻权利研究、新闻义务研究、新闻侵权研究、新闻活动与司法的关系研究、新闻法制综合性研究和其他研究共计六类主题。通过对各类主题专著的大致数量以及内容的分析发现,我国产出了一批以新闻权利与新闻义务为考察和论说对象的专著,以新闻权利为主题的专著多围绕新闻权利保障问题展开论述,也有讨论防止新闻权利滥用的论著;以新闻义务为主题的专著多是结合新闻职业规范、伦理以及新闻自律的相关话题展开,还有学者专门将维护新闻权利与履行新闻义务结合在一起加以对照论述并出版了相关专著。在新闻法制研究其他主题的专著中,新闻侵权研究的专著数量最多,这些专著对新闻侵权问题从多个角度进行了考察,在其研究中案例分析法得到了充分运用;探讨新闻活动与司法的关系主题的专著数量则相对较少,其内容主要涉及新闻监督与司法公正、司法独立等方面的关系;对新闻法制状况进行全面梳理和综合研究的专著也积累了一定的数量。此外,考察我国新闻法制历史状况、国外新闻法制综合状况,以及舆论监督问题的专著近年来均呈现了增长的趋势。

从文献综述来看,包含综合考察新闻法制研究各类主题和单独考察新闻法制研究某类主题的综述文章。其中,综合性的研究综述以考察某一年度新闻法制研究情况为主,数量相对较多,且近年来几乎每年都会有相关文章发表。该类综述文章中,对新闻侵权、新闻活动与司法的关系和新闻权利三个研究主题所作的考察较多,而且一般都会对国外新闻法制、我国新闻法制史和新闻立法研究的基本情况加以评述,分析其与之前年份的研究情况相比所表现出来的特征。但是,单独以某一新闻法制研究主题作为对象加以考察的文献综述,较多是对一段时期内的相关主题情况加以考察,数量较多,涉及的主题也更为广泛。与综合性的研究综述中基本上都会将新闻侵权和新闻活动与司法关系相关问题作为重点加以考察相比,专门考察新闻侵权和新闻活动与司法关系问题的综述文章数量不多,并且发表年度较不均衡;但是,将新闻舆论监督、新闻权利和新闻义务等主题的研究成果作为对象专门考察的综述文章数量较多。由此可见,我国新闻法制研究的各类主题都积累了一定数量的研究成果,若希望通过研究综述来窥视我国新闻法制各类主题的研究情况,唯有结合上述两种类型研究综述加以全面分析,方能对我国新闻法制研究的整体状况形成较为准确的把握。

再次,本书分别从研究主体和研究方法两个视角考察了我国新闻法制理论文献的互动状况,既呈现了研究主体之间文献合作与论争的情况,也描述了采用不同研究方法产出的学术成果对各种类型文献的吸收与调用情况。

以研究主体作为切入点考察我国新闻法制理论文献的互动状况,主要是借以呈现研究主体之间合作与论争的文献状况。其中,具有不同专业和职业背景的研究主体之间合作产出的学术成果,在研究视野、研究思路与表达方式等方面,都可能与作者独立完成的学术成果有所不同,例如魏永征(2009)在论及张新宝的"新闻(媒体)侵权"否认说时指出,后者作为民法学家是从立法学和法逻辑学的角度得出自己的结论,而其自身作为媒体理论研究和媒体实务人士,则主要是从我国媒介在涉及侵权纠纷问题上的历史和现状中得出结论,虽然两者使用的话语有所不同,但在学术观点上却是"殊途同归"①。这说明,来自不同专业背景的学者之间如果能通过合作的方式产出相关的学术成果,在一定程度上会对文献的内容深度与表达方式产生较大影响,这是文献在生产环节上互动的表现。不同主体之间通过发表论文或参与学术讨论的方式进行的论争,同样能够在新闻法制相关主题的思考深度、角度与表达方式等方

---

① 魏永征:《张新宝:"新闻(媒体)侵权"否认说》,2009年3月7日,魏永征的博客(http://media.stu.edu.cn/weiyongzheng/archives/30123),2013年4月12日查阅。

面对新闻法制文献的生产及后续的研究形成影响，促进文献在所蕴含的内容思想上形成充分的互动。

以研究方法作为切入点，考察我国新闻法制理论文献的互动状况，主要是对我国新闻法制研究使用比较频繁的几种研究方法加以考察，并就使用这些研究方法产出的学术成果进行分析，从中得出采用不同研究方法的学术成果在吸收与调用各种类型文献的方面所呈现的特征。其中，无论使用哪种研究方法产出的学术成果，其对学术类文献的调用都是最为活跃的，在确认该事实的前提下，本书具体分析了使用不同研究方法的新闻法制学术成果对学术类文献之外的其他类型文献的调用特征，并指出了这些学术成果对不同类型文献的参考与引用对以后其他学者开展相关研究所能发挥的作用。

本书围绕上述三个方面对我国新闻法制理论文献作了综合考察并形成了相对全面的理解，主要贡献体现在以下三个方面：

第一，采用法务公文类文献、学术类文献和其他类型文献的分类方式较为全面地概述了中国新闻法制理论的文献类型，指出我国新闻法制研究者对前述第一类文献的利用程度相对较低。同时还指出，新闻法制研究论文中的引文标注还有待规范，具体表现在一些论文基于第一类文献展开探讨且在原文中引用了相关的法律法规条文、领导人讲话等文献，但是却未加以标注，这必定会影响之后的学者对其论文进行引文分析的准确性，而引文分析方法已经在新闻传播学研究和法学研究中均被越来越多的学者采用；此外，参考文献标注不规范也不利于之后的学者参考其引文进一步搜集相关资料。

第二，分别通过期刊论文、学术专著和文献综述考察了新闻法制研究的主题状况，指出我国学界对新闻侵权、新闻活动与司法的关系、新闻权利与新闻义务等问题的研究较为充分，而新闻活动与执法的关系、新闻立法、新闻法制历史等方面的研究较为薄弱。首先，从论文研究主题的角度考察和印证了我国新闻法制研究进程的阶段性特征，并且考察了新闻法制研究主题在新闻传播学及法学专业期刊所呈现的具体情况，指出法学专业期刊上发表的新闻法制研究论文以研究新闻活动与司法关系问题的居多，而较少发表关于新闻立法研究的论文。其次，从专著的角度检视，表明我国出版的新闻法制研究专著以研究新闻侵权问题的居多，研究新闻立法问题的较少，研究新闻法制史的专著已近十种。再次，从文献综述的角度加以考察，得出综合性的文献综述和单纯就某一个主题所作的文献综述在所关注的具体主题以及考察的时间范围方面有较大的差异，说明仅仅通过文献综述方式考察我国新闻法制理论文献的状况可能还会有所局限和疏漏。

第三，本书基于研究主体和研究方法两个视角考察了我国新闻法制理论文献的互动状况，指出我国新闻法制理论文献的互动方式较为多元化，但是互动的活跃度相对不高。首先，基于研究主体的考察所得结论是：我国新闻法制研究的科研合作以学科内部合作的方式为主，即新闻传播学学科内部或法学学科内部的研究者展开的合作居多，新闻法制研究高被引论文中反应出来的科研合作状况与此一致；我国新闻法制研究的学术论争虽然反映在多个方面，但是以公开发表形式展开的论争数量较少，并且没有来自法学学科的研究者对新闻传播学学者发表的观点所作的以公开发表形式进行的论争；我国新闻法制研究的学术会议交流较为频繁，形成了较为固定的围绕新闻法制研究的某个主题开展的学术会议，扩大了各界人士对相关问题的关注，与国际同行展开的学术交流正逐渐增多。其次，基于研究方法的考察得出的结论是：我国新闻法制研究的学术成果对各种类型文献的调用情况除了受到研究方法的影响之外，更多的是由其研究内容所决定的；而且，与单纯从引文角度考察相关研究成果对不同类型文献的调用情况所得出的结论有所不同的是，我国新闻法制研究对法制规范与法务公文类文献的调用其实是非常活跃的，但是因为引文标注的不规范现象使得这一层面的文献互动无法通过数据的形式得到充分的体现。

当然，鉴于某些研究构想在具体操作上具有一定的难度以及本人研究能力的局限，本书仍然存在很多不足，需要在今后的研究中加以改进和完善，不足之处主要表现为三点：

第一，本书第一章采取引文分析的方法分析了中国新闻法制研究自1978年至2014年收录于CNKI数据库中被引次数在19次及以上的103篇论文的引文，引文数量为1041篇次。通过对其中的903篇中文引文进行分析，考察各种类型文献被新闻法制研究者引用的比例，基本上能够反映出研究者对各类文献的重视和吸收程度。但是，依据本书提出的新闻法制理论研究的几类主题以及所述研究方法的使用来看，探讨不同主题的论文所以依凭的引文类型必然有所不同，且使用的研究方法也决定了论文中参考文献的主要类型。因此，在今后的研究中，对新闻法制研究进行引文分析，有必要侧重于对"考察某类研究主题或使用某种研究方法的专著或论文"的引文类型进行更加细化的分析，以更具针对性地发现其中的特点和规律。

第二，基于新闻法制理论的新闻传播学与法学的交叉特征，及其研究主体学术背景和职业背景的差异，本书对新闻法制研究者的背景给予了较多关注，并计划从引文分析的角度考察新闻传播学者引用参考文献的特征与法学学者引用参考文献的特征之间的差异，以及新闻传播学者参考法学学者文献的程度与法学学者参考新闻传播学学者文献的程度有何异同，即通过具体数字来说明新闻传播学者与法学学者之间的相互影响关系。但是，由于本人能力与时间所限，本书只分析了103篇高被引论文的1041篇次引文的类型，且这103篇高被引论文包含对新闻法制理论各类主题的讨论，鉴于前述"考察不同主题的论文所以依凭的引文类型必然有所不同，且使用的研究方法也决定了论文引文的主要类型"，考察不同文献主题及使用不同研究方法的论文除了引文类型有所差异外，引文的来源与内容也都有所不同，泛泛地对此加以考察不能实现预期的效果，最终本书的这一构想没有实施。因此，通过本书的写作和对这方面缺陷的认识，本人对以后开展此类研究有了更加清晰的思路，即缩小研究范围，以便从多个角度更加全面且细致地考察相应的研究问题。

第三，本书没有考察具有一定学术价值的新闻法制理论研究的硕士和博士学位论文的具体情况，这也是本书的一个缺陷。作为攻读硕士或博士学位的研究生在提出申请授予硕士或博士学位时提供评审用的学术论文①，是研究生借助培养单位的资源优势和培养导师的科研优势，通过至少三年的认真学习和潜心研究，最终提交的核心成果。该成果一般都是对前人尚未研究过或尚未研究成熟的学科前沿性课题所作的研究，是帮助人们了解当代最新学术动态、掌握科技信息、研究学科前沿问题的重要信息媒介，尤其对科研人员的选题、知识创新起着很好的参考作用②。同时，学位论文所展现的不仅仅是研究生个人的知识积累和科研能力，还能从某种程度上反映其培养导师及培养机构的整体科研水平。除了新闻学专业的研究生外，来自法律史③、法学理论④、宪法学与行政法学⑤、民商法学⑥、国际法学⑦等法学专业的研究生也产出了一定数量的新闻法制研究学位论文。全面检索新闻传播学与法学专业研究生关于新闻法制理论的学位论文，对它们的研究内容、引文特征等进行对比分析，

---

① 《科学技术报告、学位论文和学术论文的编写格式》，北京：中国标准出版社1990年版。

② 王方：《对我国学位论文全文数据库的比较研究》，《科技情报开发与经济》2006年第6期，第3—4页。

③ 例如简海燕：《媒体报道司法活动的法律限制——以美国为例》，博士学位论文，中国政法大学，2006年；刘白露：《中国百年新闻传播立法研究》，硕士学位论文，中国政法大学，2009年；张莉：《南京国民政府新闻立法研究》，博士学位论文，华东政法大学，2011年。

④ 例如陈欣：《新闻报道权研究》，吉林大学博士学位论文，2006年；李晨：《新闻自由与司法独立》，博士学位论文，吉林大学，2010年；文瑜《新闻舆论监督的立法研究》，硕士学位论文，广西师范大学，2013年。

⑤ 例如刘小妹：《新闻自由的宪法权利属性》，中国政法大学硕士学位论文，2004；张敬平：《论新闻自由》，博士学位论文，苏州大学，2007年；柏杨：《行政法事业下的新闻审查》，博士学位论文，中国政法大学，2008年。

⑥ 例如李丹丹：《论新闻侵权的抗辩事由》，硕士学位论文，西南政法大学，2009年；胡艳龙：《新闻媒体侵犯隐私权探究》，硕士学位论文，沈阳工业大学，2012年；杨杉：《新闻侵权责任研究》，博士学位论文，吉林大学，2013年。

⑦ 例如李盛之：《美国大众传播法律规制问题研究》，博士学位论文，大连海事大学，2012年；刘学生：《美国传播法中的隐私权研究》，硕士学位论文，辽宁大学，2014年。

也能从中发现较多有价值的信息,这是本书未及兼顾做到的,只能期待后续的研究有所弥补和超越。

综合来看,笔者是在该书写作过程的中后期及书稿构想在实践操作中遇到困难时才逐渐明晰了本书设计方面的不足,这为本人今后从事研究工作时如何更好地构建研究计划并准确评判研究的可行性等都提供了明确的方向和借鉴。本书提出的有关研究设计和方法的不足之处,希望能够为之后有兴趣探讨该问题的研究者提供借鉴,当然,更希望能有后续的研究从本书上述不足的缺口处接力研究,以更加精准地描述我国新闻法制研究的学术地图和学理特征以及有待改进、优化和完善的治学空间。

参考文献

图书类：

陈桂兰：《新闻职业道德教育》，上海：复旦大学出版社1997年版。

陈建云：《中国当代新闻传播法制史论》，济南：山东人民出版社2005年版。

陈力丹：《不能忘却的1978—1985年我国新闻传播学过刊》，北京：人民日报出版社2009年版。

陈力丹、王辰瑶、季为民：《艰难的新闻自律——我国新闻职业规范的田野调查/深度访谈/理论分析》，北京：人民日报出版社2010年版。

陈力丹、周俊、陈俊妮、刘宁洁：《中国新闻职业道德规范蓝本》，北京：人民日报出版社2012年版。

陈萍秀、时雪峰、刘艳磊：《科技文献信息检索与利用》，北京：清华大学出版社2005年版。

陈汝东：《传播伦理学》，北京：北京大学出版社2006年版。

陈欣新：《表达自由的法律保障》，北京：中国社会科学出版社2003年版。

陈绚：《新闻道德与法规：对媒介行为的规范的思考》，北京：中国大百科全书出版社2005年版。

陈绚：《新闻传播法规案例教程》，北京：中国人民大学出版社 2009 年版。

陈志武：《媒体、法律与市场》，北京：中国政法大学出版社 2005 年版。

曹瑞林：《新闻法制学初论》，北京：解放军出版社 1998 年版。

戴永明：《传播法规与伦理》，上海：上海交通大学出版社 2009 年版。

丰纯高：《论社会主义新闻自由》，北京：中国传媒大学出版社 2014 年版。

高秀峰、谷辽海、王霁虹：《中国新闻侵权判例》，北京：法律出版社 2000 年版。

郭兴寿：《社会科学文献学》，武汉：武汉大学出版社 1990 年版。

顾理平：《新闻法学》，北京：中国广播电视出版社 1999 年版。

顾理平：《隐性采访论》，北京：新华出版社 2004 年版。

贺卫方：《司法的理念与制度》，北京：中国政法大学出版社 1998 年版。

侯健：《表达自由的法理》，上海：上海三联出版社 2008 年版。

黄瑚：《中国近代新闻法制史论》，上海：复旦大学出版社 1999 年版。

华东政法大学新闻研究中心：《2012 中国年度法制新闻视角》，北京：法律出版社 2013 年版。

教育部考试中心编：《法律硕士（非学位）专业学位联考考试大纲》，北京：高等教育出版社 2011 年版。

《科学技术报告、学位论文和学术论文的编写格式》，北京：中国标准出版社 1990 年版。

郎劲松：《中国新闻政策体系研究》，北京：新华出版社 2003 年版。

蓝鸿文：《专业采访报道学》，北京：中国人民大学出版社 2003 年版。

林爱珺：《知情权的法律保障》，上海：复旦大学出版社 2010 年版。

林聚任、刘玉安：《社会科学研究方法》，济南：山东人民出版社 2004 年版。

李缨、庹继光：《法治视野下的司法传媒和谐论》，成都：巴蜀书社 2009 年版。

刘迪:《现代西方新闻法制概述》,北京:中国法制出版社1998年版。

刘斌:《法治新闻传播学》,北京:中国政法大学出版社2012年版。

刘国钧:《中国书史简编》,北京:书目文献出版社1982年版。

刘海涛、郑金雄、沈荣:《中国新闻官司二十年1987—2007》,北京:中国广播电视出版社2007年版。

李衍玲:《新闻伦理与规制》,北京:社会科学文献出版社2008年版。

马光仁:《中国近代新闻法制史》,上海:上海社会科学院出版社2007年版。

慕明春:《法制新闻研究》,北京:人民出版社2013年版。

彭漪涟:《概念论——辩证逻辑的概念理论》,北京:学林出版社1991年版。

商娜红:《制度视野中的媒介伦理:职业主义与英美新闻自律》,济南:山东人民出版社2006年版。

沈志先:《裁判文书制作》,北京:法律出版社2010年版。

舒炜光:《科学认识论》第三卷,长春:吉林人民出版社1990年版。

苏力:《法治及其本土资源》,北京:中国政法大学出版社1996年版。

苏新宁:《中国人文社会科学学术影响力报告(2000—2004)》,北京:中国社会科学出版社2007年版。

苏新宁:《中国人文社会科学图书学术影响力报告》,北京:中国社会科学出版社2011年版。

孙永鲁:《新闻法治研究》,北京:金盾出版社2014年版。

孙旭培:《各国新闻出版法选辑(续编)》,北京:人民日报出版社1987年版。

孙旭培:《新闻侵权与诉讼》,北京:人民日报出版社1994年版。

孙旭培:《通向新闻自由与法治的途中——孙旭培自选集》,北京:知识产权出版社2013年版。

田大宪:《新闻舆论监督研究》,北京:中国社会科学出版社2002年版。

童兵、林涵:《20世纪中国新闻学与传播学理论新闻学卷》,上海:

复旦大学出版社2001年版。

童兵：《比较新闻传播学》，北京：中国人民大学出版社2002年版。

童兵：《中国新闻传播学研究最新报告》，上海：复旦大学出版社2006—2014年版。

王建国：《新闻法制理论研究》，长春：吉林大学出版社2007年版。

王军、郎劲松：《传播政策与法规》，北京：中国广播电视出版社2008年版。

王立诚：《社会科学文献检索与利用》，南京：东南大学出版社2002年版。

王利明：《人格权法新论》，长春：吉林人民出版社1994年版。

王利明、杨立新：《人格权与新闻侵权》，北京：北京方正出版社1995年版。

王利明：《中国民法案例研究与学理研究·总则编》，北京：法律出版社1998年版。

王利明：《司法改革研究》，北京：法律出版社2000年版。

王利明：《中国民法典学者建议稿及立法理由·侵权行为编》，北京：法律出版社2005年版。

王强华、魏永征：《舆论监督与新闻纠纷》，上海：复旦大学出版社2000年版。

王强华、王荣泰、徐华西：《新闻舆论监督理论与实践》，上海：复旦大学出版社2007年版。

王石番：《传播内容分析法——理论与实证》，重庆：幼狮文化事业公司1991年版。

魏永征：《被告席上的记者》，上海：上海人民出版社1994年版。

魏永征：《中国新闻传播法纲要》，上海：上海社会科学院出版社1999年。

魏永征：《新闻传播法教程》，北京：中国人民大学出版社2002年版、2013年版。

《文献著录总则》，北京：中国标准出版社1983年版。

吴飞：《大众传播法论》，杭州：浙江大学出版社2004年版。

向芬：《国民党新闻传播制度研究》，北京：中国社会科学出版社2012年版。

徐培汀：《中国新闻传播学说史1949—2005》，重庆：重庆出版社2006年版。

许新芝、罗朋、李清霞：《舆论监督研究》，北京：知识产权出版社2009年版。

徐迅：《中国新闻侵权纠纷的第四次浪潮》，北京：中国海关出版社2002年版。

徐迅：《暗访与偷拍——记者就在你身边》，北京：中国广播电视出版社2003年版。

杨立新：《人身权法论》，北京：中国检察出版社1996年版。

杨立新：《中华人民共和国侵权责任法草案建议稿及说明》，北京：法律出版社2007年版。

杨明品：《新闻舆论监督》，北京：中国广播电视出版社2001年版。

姚广宜：《中国媒体监督与司法公正关系问题研究》，北京：中国政法大学出版社2013年版。

殷莉：《清末民初新闻出版立法研究》，北京：新华出版社2007年版。

余伟利：《构建和谐社会视域下的中国新闻舆论监督研究》，北京：中国大百科全书出版社2013年版。

展江：《中国社会转型的守望者》，北京：中国海关出版社2002年版。

展江、白贵：《中国舆论监督年度报告》，北京：社会科学文献出版社2006年版。

张诗蒂、吴志伟：《新闻法新论》，成都：四川大学出版社2008年版。

张新宝：《名誉权的法律保护》，北京：中国政法大学出版社1997年版。

张新宝：《侵权法评论》2003年第2辑，北京：人民法院出版社2003年版。

张新宝：《隐私权的法律保护》，北京：群众出版社2004年版。

张振亭：《中国新时期新闻传播学术史研究》，南昌：江西人民出版社2009年版。

甄树青：《论表达自由》，北京：社会科学文献出版社2000年版。

郑保卫：《新闻学导论》，北京：新华出版社1990年版。

郑保卫：《新闻法制学概论》，北京：清华大学出版社2009年版。

郑旷：《当代新闻学》，北京：长征出版社1997年版。

中共广州市委：《媒体责任与公信力》，广州：广州出版社2006年版。

中国方正出版社编写组：《新闻出版实用核心法规》，北京：中国方正出版社2003年版。

中国全国新闻工作者协会：《新闻职业道德》，北京：新华出版社1996年版。

中国新闻学会：《新闻自由论集》，上海：文汇出版社1998年版。

中国社会科学院新闻与传播研究所：《中国新闻年鉴》，北京：中国社会科学出版社1982—2014年卷。

中国社会科学院新闻研究所、北京新闻学会：《各国新闻出版法选辑》，北京：人民日报出版社1981年版。

中国新闻法制研究中心：《新闻法制全国学术研讨会论文集》，北京：中国民主法制出版社1999年版。

中华全国法制新闻协会、华东政法大学法制新闻研究中心：《2013中国年度法制新闻视角》，北京：法律出版社2014年版。

〔美〕哈罗德·J·伯尔曼著：《法律与革命》，贺卫方、高鸿钧、夏勇、张志铭译，北京：中国大百科全书出版社1993年版。

〔美〕罗杰·D·维曼等：《大众媒介研究导论》，金兼斌等译，北京：清华大学出版社2005年版。

〔美〕迈克尔·辛格尔特：《大众传播研究：现代方法与应用》，刘燕南等译，北京：华夏出版社2000年版。

〔美〕T·巴顿·卡特著，《大众传播法概要》，黄列译，北京：中国社会科学出版社1997年版。

〔美〕唐纳德·M·吉尔摩等著:《美国大众传播法判例评析》,梁宁译,北京:清华大学出版社2002年版。

〔美〕泽勒尼John D. Zelezny.《传播法:自由、禁止与现代传媒(影印)》,北京:清华大学出版社2004年版。

汪炳华、杨忠明:《新加坡大众传媒法规》,郝晓明译,新加坡:亚洲传媒信息与传播中心1998年版。

论文类:

白云:《基于CSSCI 2004—2006年新闻学与传播学学术论文及引文的分析》,《新闻界》2007年第4期。

卜卫:《传播学方法论引言》,《国际新闻界》1996年第4期。

蔡斐:《2011年新闻传播法研究综述》,《国际新闻界》2012年第1期。

蔡斐:《2012年新闻传播法研究综述》,《国际新闻界》2013年第1期。

蔡斐:《2013年新闻传播法研究综述》,《国际新闻界》2014年第1期。

蔡铭泽:《三十年代国民党新闻政策的演变》,《新闻与传播研究》1996年第2期。

曹明:《2009年法学研究的一些形式特点》,《法律文献信息与研究》2010年第2期。

曹鹏:《重视新闻工作者的队伍建设与工作权利——读新闻出版总署关于记者采访的规定与李长春同志讲话有感》,《新闻记者》2008年第12期。

陈翠银:《谈谈新闻侵害名誉权法律责任的承担》,《新闻记者》1989年第4期。

陈刚、郭琳、张强:《基于新闻媒体的法律监督的探讨》,《新闻知识》2011年第12期。

陈清:《"新闻侵权"肯定说——兼与张新宝教授商榷》,《武汉科技大学学报(社会科学版)》2010年第5期。

陈航行、王旭瑞：《记者暗访应该得到认可——与陈力丹教授商榷》，《青年记者》2010年第31期。

陈慧：《1991—2006年新闻自由研究综述》，《湖南大众传媒职业技术学院学报》2008年第1期。

陈继静：《书报检查、出版法与出版自由——马克思〈普鲁士出版法案〉管窥》，《国际新闻界》2013年第3期。

陈力丹：《近两年我国新闻传播学理论研究概况》，《新闻界》1998年第4期。

陈力丹：《去年以来我国新闻理论研究概述》，《湖南大众传媒职业技术学院学报》2002年第2期。

陈力丹：《2002年中国新闻传播学书籍出版概述》，《中国媒体发展报告》2002年卷。

陈力丹：《舆论监督三题》，《新闻传播》2003年第2期。

陈力丹：《近年来我国新闻传播学研究概述》，《中国青年政治学院学报》2004年第3期。

陈力丹、王辰瑶：《2005年新闻传播学研究综述》，《国际新闻界》2006年第1期。

陈力丹、郭欣：《按照新闻传播规律办事之思考——学习胡锦涛视察人民日报社的讲话》，《现代视听》2008年第8期。

陈力丹、程晨：《记者暗访原则上不宜采用》，《传媒》2010年第6期。

陈力丹：《新闻传播学科发展的文献保障与实践基础》，《新闻大学》2013年第4期。

陈力丹：《明者因时而变，知者随事而制——解读习近平8.19全国宣传思想工作会议讲话》，《新闻界》2013年第23期。

陈力丹：《新闻传播学科文献基础》，《青年记者》2015年第34期。

陈堂发：《媒体与司法关系如何规范——评最高人民法院关于法院接受舆论监督的新规定》，《当代传播》2010年第3期。

陈天白、黄强强：《新闻学研究的微观走向——2005年我国新闻学研究综述》,《上海大学学报(社会科学版)》2006年第6期。

陈炜:《2005年中国传播法研究综述》,《新闻传播》2006年第8期。

陈绚:《论信息公开政策与政府信息公信力的提升——兼议2008中国新闻政策的变化》,《国际新闻界》2009年第2期。

陈绚:《出版自由法与绞杀自由并存的怪现象——对马克思〈霍亨索伦王朝的出版法案〉一文的考证研究》,《国际新闻界》2013年第6期。

程德安:《新闻侵害名誉权诉讼中的原告选择权》,《新闻大学》1997年第1期。

戴丽:《新闻采访权性质刍议》,《新闻记者》2003年第11期。

丁翼:《法学图书学术影响力分析(国内学术著作)》,《东岳论丛》2009年第11期。

段京肃、任亚肃:《新闻学与传播学学术期刊影响力研究报告(2000—2004)》,《现代传播》2006年第5期。

段京肃、白云:《新闻学与传播学学者、学术机构和地区学术影响研究报告(2000—2004)——基于CSSCI的分析》,《现代传播》2006年第6期。

段京肃:《中国新闻学与传播学研究概况分析——基于CSSCI分析》,《重庆大学学报(社会科学版)》2008年第5期。

高一飞:《司法与媒体:复杂而简单的关系》,《内蒙古社会科学(汉文版)》2006年第2期。

高一飞:《庭审直播利与弊》,《检察风云》2006年第22期。

高一飞:《我国新闻立法的使命(上)》,《新闻知识》2008年第9期。

高一飞:《我国新闻立法的使命(下)》,《新闻知识》2008年第10期。

顾理平:《中国新闻法治的现实困境及推进思路》,《江苏社会科学》2012年第5期。

郭道晖:《论作为人权和公民权的表达权》,《河北法学》2009年第1期。

郭道晖:《新闻媒体的公权利与社会权力》,《河北法学》2012年第1期。

顾培东:《论对司法的传媒监督》,《法学研究》1999年第6期。

谷曙光：《构建京剧学研究的良好文献基础——京剧文献学论纲》，第二届京剧学国际学术研讨会 2007 年 5 月。

贺卫方：《传媒与司法三题》，《法学研究》1998 年第 6 期。

贺卫方：《对电视直播庭审过程的异议》，《中国律师》1998 年第 9 期。

何英、赵聪逸、李汶君：《新闻侵权责任主体研究》，《新闻爱好者》2011 年第 9 期。

侯健：《舆论监督与政府机构的"名誉权"》，《法律科学·西北政法学院学报》2001 年第 6 期。

黄瑚、杨朕宇：《2007 年新闻传播法研究综述》，《新闻知识》2008 年第 2 期。

黄瑚、杨秀：《2010 年中国新闻传播法研究综述》，《新闻界》2011 年第 3 期。

黄梦黎：《综述——极具价值的三次文献》，《图书情报工作》1998 年第 4 期。

黄宗忠：《论文献类型的变革及其对文献资源建设的影响》，《武汉大学学报（社会科学版）》1992 年第 4 期。

胡红亮：《学术著作可信度评价研究》，武汉大学博士学位论文，2013 年。

胡甜甜：《我国记者证管理、使用之误区》，《新闻记者》2012 年第 6 期。

胡菡菡：《权利 - 权力制衡理论范式的形成——媒体与司法关系研究（1993—2009）述评》，2009 年第 11 期。

胡翼青：《中国新闻传播研究主题知识地图——基于 CSSCI 图书引文的分析》，《中国出版》2013 年第 19 期。

胡耀邦：《关于党的新闻工作（1985 年 2 月 8 日在中央书记处会议上的发言）》，《新闻战线》1985 年第 5 期。

姜爱凤：《综述类文献的作用》，《高校社科信息》1998 年第 5 期。

姜红：《2003 年度中国新闻与法治研究综述》，《新闻记者》2004 年第 5 期。

江宇、郭赫男:《关于隐性采访的几点思考——兼谈〈海口色情交易大曝光〉的是与非》,《新闻记者》2002 年第 7 期。

季立新:《关于当前处理新闻纠纷的原则》,《上海大学学报》1997 年第 12 期。

阚敬侠:《依法规范和保障新闻舆论监督——第三届新闻与法研讨会综述》,《新闻战线》2001 年第 3 期。

李怀德:《论表达自由》,《现代法学》1988 年第 6 期。

梁鑫、郑永红:《新闻采访权的法律规制路径研究》,《湖北警官学院学报》2013 年第 12 期。

林爱珺:《2004 年新闻侵权研究综述》,《新闻记者》2005 年第 5 期。

林爱珺:《关于新闻法学研究的思考——2004—2005 年新闻法学研究综述》,《现代传播》2006 年第 3 期。

林爱珺:《论知情权的法律保障——新闻传播学的视角》,复旦大学博士学位论文,2007 年。

林爱珺:《宽容舆论监督维护司法尊严——从最高法院〈关于人民法院接受新闻媒体舆论监督的若干规定〉谈传媒与司法关系》,《新闻记者》2010 年第 2 期。

李良荣、李彩霞:《2007 年中国新闻学研究回顾》,《新闻大学》2008 年第 3 期。

李良荣、周晓红:《2008 年中国新闻学研究回顾》,《新闻大学》2009 年第 2 期。

林锦峰:《传播法制化的必要性与传播法的思考》,《中山大学学报》1998 年第 1 期。

李瑞环:《坚持正面宣传为主的方针——在新闻工作研讨班上的讲话》,《新闻通讯》1990 年第 3 期。

李文竹:《2000 年以来中国新闻法治研究回顾——以 2000—2010 年〈国际新闻界〉〈法学家〉〈新闻大学〉〈中国法学〉为例》,第三届中国新闻学学术年会 2010 年第 11 期。

刘更生：《中医体征研究的文献基础》，《山东中医药大学学报》2002 年第 3 期。

刘海明：《新闻采访权是否记者证持有者的专利——从兰成长无记者证被殴打致死事件说起》，《新闻记者》2007 年第 5 期。

刘树发：《综述的作用、种类、编写及其他》，《图书情报知识》1985 年第 2 期。

刘文辉、阚敬侠：《新闻与法制并肩走——"新闻与法"研讨会综述》，《新闻传播》1998 年第 1 期。

刘永胜、边志华：《数字图书馆研究：基础文献和先行探索者》2003 年第 S2 期。

刘自雄、刘年辉、马凯、何冬英、刘子倩：《2012 年度我国新闻传播学研究综述——基于 9 种 CSSCI 期刊的分析》，《现代传播》（中国传媒大学学报）2013 年第 3 期。

马晶莹：《南京国民政府新闻法制研究 1927—1937》，华东政法大学硕士学位论文，2012 年。

马俊、王静：《试析学术专著出版的意义、困难与措施》，《传播与版权》2013 年第 6 期。

倪延年：《中国红色法制发展史论》，《新闻与传播研究》2008 年第 6 期。

欧阳爱辉、谭泽林：《近年国内网络著作权侵权研究综述》，《上海商学院学报》2009 年第 1 期。

浦增平：《建立具有中国特色的新闻执法机制》，《新闻研究资料》1991 年第 2 期。

祁雅鸣、马莎莎：《基于文献特征的科技综述之价值评析》，《科技情报开发与经济》2004 年第 4 期。

秋歌：《论新闻侵害名誉权诉讼的原告和被告》，《当代法学》1991 年第 2 期。

邵培仁、廖为民:《中国新闻与传播研究30年学术论证的历史考察》,《中国传媒报告》2008年第1期。

《首都新闻学会讨论开展新闻法的研究》,《新闻法通讯》1984年第1期。

宋晖:《论2008年中国新闻政策的变化》,《国际新闻界》2009年第3期。

宋小卫:《在法条之间徘徊——传播法识读随笔》,《国际新闻界》2010年第10期。

苏力:《从法学著述引证看中国法学——中国法学研究现状考察之二》,《中国法学》2003年第2期。

孙晓红:《改革开放以来中国大陆的新闻法研究》,《新闻知识》2009年第6期。

孙旭培:《中国大陆传播学研究的回顾与前瞻》,《新闻与传播研究》,1994年第1期。

孙旭培:《新闻法最需要的法律最困难的立法》,《新闻知识》1999年第9期。

孙旭培:《中国新闻法治建设30年》,《新闻学论集(第21辑)》,2008年12月8日。

孙旭培:《论妨碍新闻立法的认识误区》,《新闻与信息传播研究》2010年第3期。

孙旭培:《三十年新闻立法历程与思考》,《炎黄春秋》2012年第2期。

唐光怀:《制定我国〈舆论监督法〉的可行性分析》,《邵阳学院学报》2003年第1期。

谭世贵:《论司法独立与媒体监督》,《中国法学》1999年第4期。

童兵:《一部研究新闻法律关系的力作》,《新闻与写作》2011年第6期。

童关:《新闻与传播法制研究中心在京成立有一个新闻法学研究机

构》,《新闻记者》1997年第8期。

万春:《隐性采访的法律问题》,《新闻记者》2000年第3期。

王方:《对我国学位论文全文数据库的比较研究》,《科技情报开发与经济》2006年第6期。

王建:《有违职业道德的一次暗访》,《新闻记者》2002年第4期。

王晋冈:《新闻侵权的责任分担》,《新闻研究资料》1991年第2期。

王玑:《司法审判与新闻监督》,《人民司法》1998年第11期。

王牧:《学科建设与犯罪学的完善》,《法学研究》1998年第5期。

王琪:《撰写文献综述的意义、步骤与常见问题》,《学位与研究生教育》2010年第11期。

王晓迪:《"新闻自由"视域下中国新闻法律、法规比较研究》,辽宁大学硕士学位论文,2010年。

王晓璐:《当代中国文献学基础理论研究》,郑州大学硕士学位论文,2012年。

王心裁:《社会科学文献类型、特点与用户需求研究》,《图书情报工作》1994年第5期。

卫军朝、蔚海燕:《基于不同文献类型的知识演化研究》,《情报科学》2011年第11期。

魏永征:《从新闻改革看"新闻官司"——兼论制订"新闻纠纷和诉讼条例"的必要性和可能性》,《新闻研究资料》1993年第2期。

魏永征:《没有〈新闻法〉就不要讲新闻法学吗?——新闻法和新闻法学的内容》,《新闻三昧》1998年第7期。

魏永征:《中国大陆新闻侵权法与台湾诽谤法之比较研究》,《新闻大学》1999年第4期。

魏永征:《新闻法学研究的重要成果——〈读新闻法制全国学术研讨会论文集〉》,《新闻通讯》1999年第11期。

魏永征:《中国的新闻法学研究》,《大众传播学研究》2000年第1期。

魏永征：《2001—2002年的中国媒介法研究》,《中国媒体发展研究报告》2002年卷。

魏永征、张鸿霞：《考察"公众人物"概念在中国大众媒介诽谤案件中的应用》,《中国传媒报告》2007年第4期。

魏永征：《微型"新闻记者法"出台》,《青年记者》2010年第1期。

魏永征：《记者不会上被告席了——〈新闻传播教程（第四版）〉修订札记之四》,《青年记者》2013年第22期。

吴飞、白林、鲍璐茜、刘佳、陈珂、李佳颖：《2002—2004年新闻学研究综述（上）》,《当代传播》2005年第3期。

吴飞、程怡、姚晓玉、卢艳、周明露、吴湄：《2005—2006年新闻学研究综述（上）》,《当代传播》2007年第3期。

吴飞、吴妍：《中国新闻学十年研究综述（2001—2010）》,《杭州师范大学学报（社会科学版）》2011年第5期。

吴健：《胡锦涛新闻思想研究》,《扬州大学学报（人文社会科学版）》2010年第1期。

吴元栋：《寻找新闻批评和侵权责任间的平衡点——记第二次新闻纠纷与法律责任研讨会》,《新闻记者》1993年第6期。

吴慰慈：《文献类型和特点概析》,《图书与情报》1990年第4期。

夏萌：《符合职业道德的一次暗访》,《新闻记者》2002年第4期。

肖燕雄：《期刊论文引文中的中国新闻传播学》,《当代传播》2006年第2期。

肖燕雄：《因事成制：中国新闻法制建设的一条路径》,《民主与科学》2010年第3期。

肖燕雄、彭凌燕：《中国新闻传播学被其他学科引证状况及其分析——基于CNKI数据库的二十年（1989—2008）分析》,《现代传播》2010年第7期。

谢彩霞、刘则渊：《科研合作及其科研生产力功能》,《科学技术与辩证法》2006年第1期。

邢会强：《经济法基础理论研究与经济法学术共同体的建立——基于CNKI统计的30篇高频被引论文的深度分析》，《南都学刊》2011年第2期。

辛香兰：《韩国〈新闻法〉与法国〈出版自由法〉的对比研究》，《新闻传播》2009年第12期。

邢志强、姜惠莉：《我国8种教育期刊基础文献与核心著者分析》，《华东师范大学学报（教育科学版）》2000年第3期。

薛传会：《新中国两次法律革命与新闻法制建设》，《当代传播》2009年第2期。

徐剑：《中国新闻与传播学科核心作者群的现状与分析——基于CSSCI（1998—2003）的研究》，《中国传播学评论（第一辑）》2005年版。

徐剑：《中国新闻传播学高被引论文分析——基于CSSCI、CNKI两个主流引文数据库的研究》，《上海交通大学学报（哲学社会科学版）》2009年第1期。

徐剑、葛岩：《中国媒体名誉权司法裁判的实证分析》，《现代传播》2015年第5期。

徐翎：《〈新闻法学〉出版》，《新闻知识》2000年第3期。

徐显明、齐延平：《"权利"进入，抑或"权力"进入？——对"现场直播"进法庭的学理评析》，《现代法学》2001年第4期。

徐迅：《中国媒体与司法关系现状评析》，《法学研究》2001年第6期。

徐迅、黄晓、王松苗、浦志强、富敏荣、魏永征：《新闻侵害名誉权、隐私权新的司法解释建议稿》，《新闻记者》2008年第2期。

姚广宜：《论新闻采访权及其权源》，《当代传播》2008年第6期。

姚广宜：《新闻报道权及其法律属性》，《当代传播》2011年第2期。

严衡山、冯国亮：《略论情报资料研究中的综述工作》，《情报学刊》1987年第5期。

杨彬权：《接受，还是拒绝新闻媒体的舆论监督——对〈关于人民法院接受新闻媒体舆论监督的若干规定〉的拷问》,《新闻爱好者》2010年第4期。

杨立新:《隐性采访的合法性及其法律保护》,《中国记者》2000年第2期。

杨立新:《我国的媒体侵权责任与媒体权利保护——兼与张新宝教授"新闻(媒体)侵权否认说"商榷》,《中国法学》2011年第6期。

杨一欣:《改革开放后中国大陆新闻立法研究平议》,湖南师范大学硕士学位论文,2012年。

杨秀武:《中国新闻法制研究中心在京召开新闻立法座谈会》,《中外法学》1989年第3期。

杨奕虹、甘大广、林霄剑、武夷山:《我国博士学位论文被引状况计量分析》,《情报杂志》2015年第1期。

殷正中:《新闻自由与新闻立法》,《法学》1988年第9期。

《以科学的理论武装人 以正确的舆论引导人 以高尚的精神塑造人 以优秀的作品鼓舞人——江泽民同志在全国宣传思想工作会议上的讲话内容摘要》,《党建》1994年第Z1期。

岳淼:《我国新时期新闻政策的演进》,《新闻与传播研究》2007年第2期。

喻国明、宋美杰:《中国传媒经济研究的"学术地图"——基于共引分析方法的研究探索》,《现代传播》2012年第2期。

于宏敏:《浅谈文献传播》,《东方艺术》2005年第4期。

禹建强、林玮:《北京奥运新闻政策分析》,《国际新闻界》2009年第3期。

喻权域:《对新闻学中一些基本问题的看法》,《新闻大学》1998年第3期。

喻权域:《对新闻学中一些基本问题的看法(续)》,《新闻大学》1998年第4期。

虞文俊:《国家、媒体、公民三者博弈下的新闻法——1927—1937

年中国新闻法规之嬗变》，安徽大学硕士学位论文，2010年。

《在全国五届人大和政协三次会议分组会上部分代表、委员有关新闻立法的发言》，《新闻法通讯》第1期。

《在六届人大一次会议上，黑龙江和湖北代表关于迅速制定新闻法的书面建议》，《新闻法通讯》第1期。

曾励：《试论隐性采访的法律定位——解读〈关于民事诉讼证据的若干规定〉》，《新闻与传播研究》2002年第3期。

赵立桢、王作成、付晓光：《试论查新检索的文献基础》，《农业图书情报学刊》1997年第4期。

张冠楠：《"媒介审判"下的司法困境》，《法学》2011年第5期。

张浩：《简论法制与法治》，《中国法学》1993年第3期。

张家勇：《探索司法案例研究的运作方法》，《法学研究》2012年第1期。

张静：《人文社科期刊中的引文现象分析》，《社会科学管理与评论》2008年第2期。

张晶晶：《我国新闻法治的基本理念辨析》，《新闻知识》2010年第7期。

张新宝：《"新闻（媒体）侵权"否认说》，《中国法学》2008年第6期。

张永恒：《宪法司法化与新闻自由权利的保障》，《新闻记者》2002年第2期。

张泽涛：《"权利"进入，抑或"权力"进入一文之驳议——与徐显明、齐延平二先生商榷》，《司法改革评论》2002年第2期。

张西明：《新闻侵犯公民隐私权行为研究》，《新闻研究资料》1993年第2期。

张西明：《张力与限制——新闻法治与自律的比较研究》，中国社会科学院研究生院博士学位论文，2000年。

张西明：《我国新闻侵权诉讼及相关研究的现状综述》，《新闻与传播研究》2000年第1期。

郑保卫:《十六大以来我国新闻传媒的政策调整与改革创新》,《现代传播》2005年第6期。

郑保卫:《论胡锦涛新闻思想的理论贡献》,《新闻界》2011年第3期。

张小红:《我国三种电化教育期刊的基础文献与核心著者探析》,《中国电化教育》2001年第12期。

张振亮:《新闻采访权及其法律限制》,《南京邮电学院学报（社会科学版）》2003年第3期。

张志铭:《传媒与司法的关系：从制度原理分析》,《中外法学》2000年第1期。

赵金:《关于新闻立法几个问题的探讨——访中国青年政治学院教授、新闻与传播系主任展江》,《青年记者》2008年第34期。

赵弨:《以"公开为原则"是现代保密制度的基本理念——对新颁布〈保守国家秘密法〉的文本解析》,《新闻记者》2010年第10期。

赵正群:《行政判例研究》,《法学研究》2003年第1期。

赵振宇（2010）的《严格问责制；确保〈公开条例〉有效实施——〈中华人民共和国政府信息公开条例〉实施两年来的问题与思考》,《新闻记者》2010年第8期。

赵中颉:《新闻立法刍议》,《现代法学》2003年第1期。

周安平:《涉诉舆论的面相与本相：十大经典案例分析》,《中国法学》2013年第1期。

周义程:《社会科学类学术论文：评价标准、写作步骤及要领》,《社会科学管理与评论》2013年第4期。

《〈中国新闻传播法纲要〉介绍》,《新闻知识》1999年第11期。

朱书强、刘明祥:《实证研究方法在教育技术学领域的应用情况分析——基于2005—2007年教育技术五学刊的统计分析》,《电化教育研究》2008年第8期。

朱秀凌：《2005年新闻侵权研究综述》，《声屏世界》2006年第5期。

T. Finkenstatedt. Measuring Research Performance in the Humanities, Scientometrics, 1990, 19（5-6）：409-417.

McMillan, S. J. The microscope and the moving target：The challenge of applying content analysis to the World Wide Web. Journalism & Mass Communication Quarterly, 2000, 77（1）：80-98.

Schultz, T. Mass media and the concept of interactivity：An exploratory study of online forums and reader email. Media, Culture & Society, 2000, 22（2）：205-221.

John C. Reinard & Sandra M. Ortiz. Communication Law and Policy：The State of Research and Theory, Journal of Communication, 2005, 55（55）：594-631.

Yorgo Pasadeos, Matthew D. Bunker & Kyun Soo Kim. Influences on the Media Law Literature：A Divergence of Mass Communication Scholars and Legal Scholars？Communication Law and Policy, 2006, 11（2）：179-206.

William H. Starbuck. The Production of Knowledge：The Challenge of Social Science Research, Management Learning, 2006, 38（3）：367-371.

报纸文章类：

党晓学：《批评报道与新闻侵权之思考》，2000年7月17日《中华新闻报》。

董少鹏：《关于记者证与新闻记者采访权的思考》，2010年8月10日《中国新闻出版报》。

《立法必须保障媒体表达的安全感——访中国媒体侵权责任案件法律适用指引课题组负责人杨立新》，2013年5月30日《人民代表报》。

刘丹妮：《传统法学文章引用规范成学术发展"风向标"》，2012年6月11日《中国社会科学报》。

李毅：《新闻法制建设亟待加强》，2002年1月23日《检察日报》。

徐如俊、王斌来：《加大审判透明度把理讲在法庭上——访最高人民法院院长肖扬》，1998年7月15日《人民日报》。

殷泓：《啥是议案？》，2015年3月5日《光明日报》。

曾昭禹：《谁说"专著不如论文"》，2013年4月19日《中国社会科学报》。

《中国法治建设年度报告（2014）》，2015年7月16日《民主与法制时报》。

网络资源类：

国家技术监督局：《GB7713-87科学技术报告、学位论文和学术论文的编写格式》，1987年5月，百度文库（http://wenku.baidu.com/link?url=ay_LZTNjd8h0k00VDmzs8ZmF85ZaVKp_B-XCYlM6NCC-ZxZJQ3zXF3bvXAlM2Y08oyQ-koMCKeKtfoLCd1DIp52c1UuFsKYErIxKPETXAha），2013年5月15日查阅。

《胡锦涛在人民日报社考察工作时的讲话》，2008年6月26日，新华网（http://news.xinhuanet.com/politics/2008-06/26/content_8442547.htm）。

江泽民：《关于党的新闻工作的几个问题》，1989年11月28日，新华网（http://news.xinhuanet.com/ziliao/2005-02/21/content_2600239.htm）。

乔木、展江、王占阳、蔡定剑等：《中国新闻立法回顾与展望研讨会》，2009年11月17日，胡耀邦史料信息网（http://www.hybsl.cn/zonghe/zuixinshiliao/2010-04-14/19810.html）。

人民网：《新闻出版总署署长柳斌杰做客人民网强国论坛》，2008年7月4日，人民网（http://media.people.com.cn/GB/40699/7467550.html）。

《什么是政协提案？》，2011年9月24日，中国人民政治协商会议全国委员会（http://www.cppcc.gov.cn/2011/09/24/ARTI1316833866233300.shtml）。

《授予博士、硕士学位和培养研究生的学科、专业目录》，1997年，中华人民共和国教育部（http://www.moe.edu.cn/publicfiles/business/htmlfiles/moe/moe_834/201005/xxgk_88437.html）。

王富贵：《魏永征：中国的新闻法学研究》，2011年4月12日，王富贵的博客（http://blog.sina.com.cn/s/blog_5c38a3010100qp1g.html）。

王甘武：《关于中国新闻法制问题的思考》，360个人图书馆（http://www.360doc.com/content/14/1202/19/8125237_429916743.shtml）。

魏永征、张鸿霞：《大众传播法的由来》，2007年4月13日，魏永征的博客（http://weiyongzheng.com/archives/29926.html）。

魏永征：《〈大众传播法学〉导言（上）》，2007年4月13日，魏永征的博客（http://media.stu.edu.cn/weiyongzheng/archives/29926）。

魏永征：《中国新闻法学研究的回顾与前瞻》，2011年7月20日，法律教育网（http://www.chinalawedu.com/new/16900a170a2011/2011720caoxin132441.shtml）。

《习近平在全国宣传思想工作会议上发表重要讲话》，2013年8月20日，新华网（http://news.xinhuanet.com/photo/2013-08/20/c_125211184.htm）。

《习近平主持中央全面深化改革领导小组第四次会议》，2014年8月18日，中国新闻网（http://www.chinanews.com/gn/2014/08-18/6504628.shtml）。

中国知网：《中国期刊全文数据库简介》，中国知网（http://www.cnki.net/jianjie/jj1.htm）。

《中华人民共和国国家标准学科分类与代码表》，2007年5月30日，360个人图书馆（http://www.360doc.com/content/13/0410/15/1952_277379573.shtml）。

附 录

表1　1978年至2014年间我国大陆新闻法制研究高被引期刊论文
（被引19次及以上，共计103篇；统计于2015年11月底）

序号	被引文献题名	作者	被引文献来源	年份	被引次数
1	传媒与司法三题	贺卫方	法学研究	1998	444
2	论对司法的传媒监督	顾培东	法学研究	1999	327
3	论司法独立与媒体监督	谭世贵	中国法学	1999	202
4	媒体监督与司法公正	卞建林	政法论坛	2000	170
5	传媒监督与司法独立的冲突与契合	景汉朝	现代法学	2002	147
6	传媒与司法的冲突及其调整——美国有关法律实践评述	候健	比较法研究	2001	130
7	中国媒体与司法关系现状评析	徐迅	法学研究	2000	124
8	美国《情报自由法》的立法历程	宋小卫	新闻与传播研究	1994	111
9	论言论自由与隐私权之协调	李先波 杨建成	中国法学	2003	92
10	言论表述和新闻出版自由与隐私权保护	张新宝	法学研究	1996	91

续表

序号	被引文献题名	作者	被引文献来源	年份	被引次数
11	关于舆论监督与司法独立的两个话题	李修源	人民司法	2000	78
12	论言论自由的保护	李 忠	法学论坛	2000	68
13	传媒人对"有偿新闻"的看法——中国新闻工作者职业道德调查报告	郑保卫 陈 绚	新闻记者	2004	64
14	新闻自由权侵犯隐私权的法理评析	叶红耘	法学	2004	59
15	论新闻侵权的抗辩事由	郭卫华 常鹏翱	法学	2002	58
16	"媒介审判"的机理与对策	慕明春	现代传播	2005	58
17	舆论评判：正义之秤——兼对"媒体审判""舆论审判"之说的反思	周 泽	新闻记者	2004	56
18	媒体的责任：将报道与评论分开——兼议报道及评论案件的新闻规则	徐 迅	人民司法	1998	54
19	传媒与司法的辩证关系	张剑秋 郭志媛	学习与探索	2003	53
20	传媒与司法的偏差——以2009十大影响性诉讼案例为例	栗 峥	政法论坛	2010	53
21	以自律换取自由——美国媒介自律与隐私法	徐 迅	国际新闻界	1999	52
22	对电视直播庭审过程的异议	贺卫方	中国律师	1998	51
23	舆论监督中的公众人物隐私权保护	慕明春	新闻知识	2003	50
24	传媒的公共问责功能与司法独立	程竹汝	政治与法律	2002	49
25	中国传媒业利用业外资本合法性研究	魏永征	新闻与传播研究	2001	48
26	瑞典新闻出版自由与信息公开制度论要	冯 军	环球法律评论	2003	48

续表

序号	被引文献题名	作者	被引文献来源	年份	被引次数
27	名誉权与言论自由：宣科案中的是非与轻重	梁治平	中国法学	2006	47
28	新闻侵权问题的再思考	杨立新	中南政法学院学报	1994	44
29	新闻法：最需要的法律 最困难的立法	孙旭培	新闻知识	1999	44
30	传媒与司法统一于社会公正——论舆论监督与司法独立的关系	孙旭培 刘 洁	国际新闻界	2003	44
31	关于舆论监督与新闻法制问题的访谈	魏永征 郭镇之	新闻记者	2000	42
32	两大法系媒体与司法关系比较	宋素红 罗 斌	国际新闻界	2005	42
33	论中国新闻侵权抗辩及体系与具体规则	杨立新	河南省政法管理干部学院学报	2008	42
34	中国新闻舆论监督现状调查分析	乔云霞 胡连利 王俊杰	新闻与传播研究	2002	40
35	新闻舆论监督的法治化思考	杨宣春	新闻战线	2003	40
36	试论我国新闻舆论监督的制度建设与规范管理	郑保卫	新闻记者	2005	39
37	论新闻舆论监督与司法独立	车 英 成协中 孙 磊	武汉大学学报（人文科学版）	2002	38
38	建立监督仲裁机构强化行业自律机构——关于我国组建新闻评议会的建议与构想	郑保卫	新闻记者	2002	38
39	媒体审判负面效应批判——兼论构建传媒与司法间的和谐关系	朱 健 王人博	政法论丛	2006	38

续表

序号	被引文献题名	作者	被引文献来源	年份	被引次数
40	论表达自由与审判独立	乾 宏 程关松 陶志刚	中国法学	2002	37
41	媒体报道案件的自律规则	徐 迅	新闻记者	2004	37
42	新闻媒体侵权否认说	张新宝	中国法学	2008	37
43	舆论监督与"公众人物"	魏永征	国际新闻界	2000	36
44	中国新闻舆论监督现状调查报告	乔云霞 胡连利 王俊杰	河北大学学报	2002	36
45	美国传媒与司法关系走向	宋素红 罗 斌	国际新闻界	2004	36
46	中国完善和发展表达自由的保障机制	任 进	国际新闻界	2005	36
47	新闻自由与隐私权的冲突和平衡	张 军	法学评论	2007	36
48	媒体与司法关系规则的三种模式	高一飞	时代法学	2010	34
49	论我国的舆论监督法律制度	阚敬侠	新闻记者	2000	33
50	舆论监督与司法独立的平衡	范玉吉	华东政法大学学报	2007	33
51	权利是如何实现的——纠纷解决过程中的行动策略、传媒与司法	李雨峰	中国法学	2007	33
52	论言论自由的保护及其限制	杨 平	兰州地道学院学报	2002	31
53	论表达自由与公正审判	甄树清	中国法学	2003	31
54	媒体对司法的监督	王建林	河北法学	2004	31
55	新闻侵权、舆论监督与隐私权保护	张诗蒂	现代法学	1998	30

续表

序号	被引文献题名	作者	被引文献来源	年份	被引次数
56	公众人物的名誉权、隐私权与舆论监督	颜春龙	新闻界	2004	30
57	"舆论审判"还是"媒体审判"？——理念辨析与解决之道	王人博 朱健	阴山学刊	2007	30
58	英国新闻自由与藐视法庭之间的界线	于秀艳	人民司法	1999	29
59	各国舆论监督的法律保障与伦理约束	展江	中国青年政治学院学报	2005	29
60	司法与媒体：复杂而简单的关系	高一飞	内蒙古社会科学（汉文版）	2006	29
61	隐性采访的法律问题	万春	新闻记者	2000	28
62	宪政视野里的第四种权力——言论自由权在法权体系中的定位及其宪政考察	吉玉泉	新闻知识	2005	28
63	评黄静案中的媒体与司法	高一飞	法学	2006	28
64	法治热点案件讨论中的传媒角色——以"药家鑫案"为例	陈柏峰	法商研究	2011	28
65	清末报律与言论、出版自由	春杨	法学	2000	27
66	论传媒与司法公正	刘斌	社会科学论坛	2005	27
67	"媒介审判"下的司法困境	张冠楠	法学	2011	27
68	隐性采访和人格权保护	杨立新	河南省政法管理干部学院学报	2001	26
69	信息公开、知情权与公民隐私权的保护——以新闻采访中的暗拍为案例展开分析	刘作翔	学习与探索	2004	26
70	舆论监督与公众人物名誉权保护——从"范志毅名誉权"官司说起	王军	法学杂志	2005	26

续表

序号	被引文献题名	作者	被引文献来源	年份	被引次数
71	中国大陆新闻侵权法与台港诽谤法之比较	魏永征	新闻大学	1999	25
72	新闻记者采访权初探	徐芳 李俊良	当代法学	2002	25
73	司法审判与新闻监督	王玩	人民司法	1998	24
74	新闻法立法的几个基本问题研究	邓小兵 冯渊源	人大研究	2003	24
75	清末报律再探——兼评几种观点	李斯颐	新闻与传播研究	1995	23
76	"权利"进入；抑或"权力"进入——对"现场直播进法庭"的学理评析	徐显明 齐延平	现代法学	2001	23
77	传媒与司法关系之探究	朱玲	当代法学	2002	23
78	从范志毅败诉看舆论监督中公众人物的名誉权问题	曹越	新闻战线	2003	23
79	从舆论监督到新闻法治——基于当代传媒与司法的关系研究	梁平 张蓓蓓	河北法学	2011	23
80	舆论监督和新闻纠纷问题研究	王强华	新闻与传播研究	1997	22
81	我国新闻领域法律体系的构成与缺陷	罗静	新闻记者	2006	22
82	媒体对定罪量刑活动可能带来负面影响的作用机制	汪明亮	现代法学	2006	22
83	媒体监督与司法公正的博弈	赵利	中山大学学报（社会科学版）	2010	22
84	中国新闻法制的现状及发展	魏永征	新闻界	1997	21
85	隐性采访中的道德与法律问题	张西明	中国记者	1997	21
86	浅论新闻监督与司法公正	张雯 汪洋	新闻知识	2000	21

续表

序号	被引文献题名	作者	被引文献来源	年份	被引次数
87	论新闻采访权的法律解析	张振亮	新闻大学	2003	21
88	公开报道与公平审判的冲突与平衡兼论现代司法理念与传媒道德理念的沟通与融合	干朝端 杨凯	法律适用	2005	21
89	庭审直播的根据与规则	高一飞	南京师范大学学报（社会科学版）	2007	21
90	从沙利文原则到雷诺兹特权——借鉴外国诽谤法的思考	魏永征 白净	新闻记者	2007	21
91	论作为人权和公民权的表达权	郭道晖	河北法学	2009	21
92	新闻法讲座之十四——记者同被采访个人的平等关系——二说记者的采访权	魏永征	新闻三昧	2000	20
93	隐性采访的合法性及其法律保护	杨立新	中国记者	2000	20
94	冲突与平衡：在司法独立与新闻监督之间	张泽涛 李登杰	诉讼法论丛	2000	20
95	新闻侵权的法学思考	朱丽	广西社会科学	2002	20
96	更正与答辩——一个被忽视的国际公认的新闻职业规范	陈力丹	国际新闻界	2003	20
97	法学家视野中的司法与传媒	韩元	新闻记者	2006	20
98	关于新闻侵权主体的若干思考	陈绚 乔思文	中国人民大学学报	1995	19
99	民愤、传媒与刑事司法	邓斌	云南大学学报（法学版）	2002	19
100	在思想与行为之间摆动的言论自由——从美国法院的"明显和即刻的危险"规则看美国的言论自由	吴飞	新闻与传播研究	2002	19

续表

序号	被引文献题名	作者	被引文献来源	年份	被引次数
101	犯罪新闻报道侵害名誉权的中外比较研究	朱颖	新闻记者	2006	19
102	论隐私权与新闻自由的法律冲突及调试	袁晓波	河北法学	2006	19
103	我国的媒体侵权责任与媒体权利保护——兼与张新宝教授"新闻(媒体)侵权否认说"商榷	杨立新	中国法学	2011	19

表2 1978年至2014年间中国大陆出版的新闻法制研究专著[①]

序号	年份	作者	书名	出版社
1	1985	苑子熙	美国新闻自由探析	中国广播电视出版社
2	1988	中国新闻学会	新闻自由论集	文汇出版社
3	1993	魏永征 吴元栋	新闻官司——典型案例通讯报告选	百家出版社
4	1993	王瑞明 董伊薇 罗东川	无冕之王走上被告席	人民日报出版社
5	1994	魏永征	被告席上的记者——新闻侵权论	上海人民出版社
6	1994	孙旭培	新闻侵权与诉讼	人民日报出版社
7	1994	王利明	新闻侵权法律词典	吉林人民出版社
8	1995	王利明 杨立新	人格权与新闻侵权	中国方正出版社

---

① 新闻职业道德问题不受法律法规的强制规范，不属于新闻法制的范畴，考虑到学术界有时将新闻职业道德与法律法规放于一起讨论，如《新闻道德与法规》等书，并且本书成稿过程中也参阅了一些新闻职业道德方面的文献，此处将新闻职业道德相关的专著一并收录。

续表

序号	年份	作者	书名	出版社
9	1996	中国全国新闻工作者协会	新闻职业道德	新华出版社
10	1997	张新宝	隐私权的法律保护	群众出版社
11	1997	张新宝	名誉权的法律保护	中国政法大学出版社
12	1997	陈桂兰	新闻职业道德教育	复旦大学出版社
13	1998	刘 迪	现代西方新闻法制概述	中国法制出版社
14	1998	宋克明	美英新闻法制与管理	中国民主法制出版社
15	1998	莫纪宏	表达自由的法律界限	中国人民公安大学出版社
16	1998	曹瑞林	新闻法制学初论	解放军出版社
17	1998	张平宇 王强华	法制报刊采编实务	法制出版社
18	1998	董炳和	新闻侵权与赔偿	中国海洋大学出版社
19	1999	沈固朝	欧洲书报检查制度的兴衰	南京大学出版社
20	1999	顾理平	新闻法学	中国广播电视出版社
21	1999	唐会虎	舆论监督论	湖北教育出版社
22	1999	黄 瑚	中国近代新闻法制史论	复旦大学出版社
23	1999	昝爱宗	第四种权力——从舆论监督到新闻法治	民族出版社
24	1999	魏永征	中国新闻传播法纲要	中国社会科学出版社
25	2000	王强华 魏永征	舆论监督与新闻纠纷	复旦大学出版社
26	2000	甄树青	论表达自由	社会科学文献出版社
27	2000	曹瑞林	新闻媒介侵权损失赔偿	人民法院出版社

续表

序号	年份	作者	书名	出版社
28	2000	张西明 康长庆	新闻侵权：从传统媒介到网络——避免与化解纠纷的实践指南	新华出版社
29	2000	高秀峰 谷辽海 王霁虹	中国新闻侵权判例	法律出版社
30	2000	徐迅	希望工程状告香港壹周刊	法律出版社
31	2000	郭卫华	新闻侵权热点问题研究	人民法院出版社
32	2000	肖义舜 何勤华	法制新闻报道与写作	四川人民出版社
33	2000	江淮超	法治新闻评论学	陕西人民出版社
34	2000	江淮超	法制新闻研究专题	陕西人民出版社
35	2001	陈堂发	授权与限权：新闻事业与法治	新华出版社
36	2001	慕明春 孙晓红 罗鹏	大众传播的法律制度	陕西人民出版社
37	2001	蒋安	新闻监督学	新华出版社
38	2001	杨明品	新闻舆论监督	中国广播电视出版社
39	2001	胡钰	新闻与舆论	中国广播电视出版社
40	2001	张西明 康长庆	新闻与法——媒体法律问题解析	广州出版社
41	2001	王军	新闻工作者与法律	中国广播电视出版社
42	2001	张诗蒂	新闻市场的规范和法治	中国检察出版社
43	2001	肖义舜 何勤华	法制新闻学	法律出版社
44	2001	魏永征	向传媒讨说法：媒介侵权法律问题	福建人民出版社

续表

序号	年份	作者	书名	出版社
45	2001	顾理平	新闻侵权与法律责任	中国广播电视出版社
46	2001	曹柯	新闻批评与新闻调查	广东人民出版社
47	2001	李矗	法治新闻报道概说	中国广播电视出版社
48	2001	赵中劼	法制新闻学	法律出版社
49	2001	赵中劼	法制新闻新论：法制新闻研究第一卷	重庆出版社
50	2002	田韶华 樊鸿雁	新闻侵权法律制度研究	河北人民出版社
51	2002	魏永征	新闻法新论	中国海关出版社
52	2002	展江	中国社会转型的守望者	中国海关出版社
53	2002	侯健	舆论监督与名誉权问题研究	北京大学出版社
54	2002	徐迅	中国新闻侵权的第四次浪潮——一名记者眼中的新闻法制与道德	中国海关出版社
55	2002	张咏华 黄挽澜 魏永征	新闻传媒业的他律与自律	上海外语教育出版社
56	2002	肖燕雄	新闻传播制度研究	岳麓书社
57	2002	田大宪	新闻舆论监督研究	中国社会科学出版社
58	2002	彭国华	新闻出版社法制理论与实务	湖南人民出版社
59	2002	王天定	新闻道德与法规	兰州大学出版社
60	2002	李成连	新闻官司防范与应对	新华出版社
61	2002	张西明	张力与限制：新闻法治与自律的比较研究	重庆出版社
62	2002	赵曙光 禹建强 张小争	中国著名媒体经典案例剖析	新华出版社

续表

序号	年份	作者	书名	出版社
63	2002	李步云	信息公开制度研究	湖南大学出版社
64	2003	陈欣新	表达自由的法律保障	中国社会科学出版社
65	2003	魏永征 张咏华 林 琳	西方传媒的法制、管理和自律	中国人民大学出版社
66	2003	郎劲松	中国新闻政策体系研究	新华出版社
67	2003	田大宪	新闻舆论监督研究	中国社会科学出版社
68	2003	徐 迅	暗访与偷拍：记者就在你身边	中国广播电视出版社
69	2004	赵中劼	法制新闻与新闻法制：法制新闻研究第五卷	法律出版社
70	2004	王 艳	新闻监督与司法独立关系研究	中国物资出版社
71	2004	展 江	舆论监督紫皮书	南方日报出版社
72	2004	倪延年	中国古代报刊法制发展史	南京师范大学出版社
73	2004	宋小卫	媒介消费的法律保障：兼论媒体对受众的底限责任	中国广播电视出版社
74	2004	田 磊	传播法学	上海交通大学出版社
75	2004	吴 飞	大众传播法论	浙江大学出版社
76	2004	孙旭培	当代中国的新闻改革	人民出版社
77	2004	孙旭培	中国传媒的活动空间	人民出版社
78	2004	顾理平	隐性采访论	新华出版社
79	2004	卢大振 卢建明	新闻侵权	济南出版社
80	2004	康为民	传媒与司法	中国人民法院出版社
81	2005	雷瑞琴	传播法	北京大学出版社

续表

序号	年份	作者	书名	出版社
82	2005	陈建云	中国当代新闻传播法制史论	山东人民出版社
83	2005	陈 绚	新闻道德与法规：对媒介行为的规范的思考	中国大百科全书出版社
84	2005	周佳荣	苏报及苏报案：1903年上海新闻事件	上海社会科学院出版社
85	2005	雷润琴	传播法：解决信息不对称及相关问题的法律	北京大学出版社
86	2005	谢 静	美国新闻媒介批评解读	复旦大学出版社
87	2005	邱小平	表达自由——美国宪法第一修正案研究	北京大学出版社
88	2005	刘 斌 李 矗	法制新闻的理论与实践	中国政法大学出版社
89	2005	许加彪	法治与自律：新闻采访权的边界与结构分析	山东人民出版社
90	2005	高平平 黄富峰	传播与道德	湖南大学出版社
91	2005	杜雄柏	传媒与犯罪	中国传媒大学出版社
92	2005	洪 伟	大众传媒与人格权保护	上海三联书店
93	2005	于为民	舆论监督与新闻法治	河南大学出版社
94	2005	苏成雪	传媒与公民知情权	新华出版社
95	2005	刘 杰	知情权与信息公开法	清华大学出版社
96	2005	陈志武	媒体、法律与市场	中国政法大学出版社
97	2006	曹瑞林	新闻传播法制前沿问题探索	中国检察出版社
98	2006	王 峰	表达自由及其界限	社会科学文献出版社
99	2006	商娜红	制度视野中的媒介伦理：职业主义与英美新闻自律	山东人民出版社

续表

序号	年份	作者	书名	出版社
100	2006	陈汝东	传播伦理学	北京大学出版社
101	2006	中共广州市委	媒体责任与公信力	广州出版社
102	2006	唐海江	西方自由主义新闻思潮新论	湖南大学出版社
103	2006	陈力丹 王辰瑶 季为民	自由与责任：国际社会新闻自律研究	河南大学出版社
104	2006	肖燕雄	中国传媒法制的变革空间	湖南教育出版社
105	2006	夏晓鸣 马 卉	传播法概论	武汉大学出版社
106	2006	卞建林 焦洪昌 等	传媒与司法	中国人民公安大学出版社
107	2006	怀效锋	法院与媒体	中国法律图书有限公司
108	2006	杨 磊 周大刚	"起诉"媒体	知识产权出版社
109	2006	郭娅莉 孙江华	媒体政策与法规	中国传媒大学出版社
110	2006	倪延年	中国报刊法制发展史（古代卷、现代卷、当代卷、史料卷）	南京师范大学出版社
111	2006	吴 飞	平衡与妥协——西方传媒法研究	中国传媒大学出版社
112	2007	王强华 王荣泰 徐华西	新闻舆论监督理论与实践	复旦大学出版社
113	2007	魏永征 张鸿霞	大众传播法学	法律出版社
114	2007	展 江	新闻舆论监督与全球政治文明	社会科学文献出版社

续表

序号	年份	作者	书名	出版社
115	2007	蒋永福	信息自由及其限度研究	社会科学文献出版社
116	2007	殷 莉	清末民初新闻出版立法研究	新华出版社
117	2007	王建国	新闻法制理论研究	吉林大学出版社
118	2007	马光仁	中国近代新闻法制史	上海社会科学出版社
119	2007	涂昌波	广播电视法律制度概论	中国传媒大学出版社
120	2007	杨立新	中华人民共和国侵权责任法草案建议稿及说明	法律出版社
121	2007	刘海涛 郑金雄 沈 荣	中国新闻官司20年（1987—2007）	中国政法大学出版社
122	2008	高 中	国家安全与表达自由比较研究	法律出版社
123	2008	张诗蒂 吴志伟	新闻法新探	四川大学出版社
124	2008	孙旭培	新闻传播法学	复旦大学出版社
125	2008	王四新	表达自由：原理与应用	中国传媒大学出版社
126	2008	候 键	表达自由的法理	上海三联出版社
127	2008	王 军 郎劲松	传播政策与法规	中国广播电视出版社
128	2008	吴曼芳	媒介的政府规制	中国电影出版社
129	2008	朱 颖	守望正义：法制视野下的犯罪新闻报道	人民出版社
130	2008	郑 涵 金冠军	当代西方传媒制度	上海交通大学出版社
131	2008	李衍玲	新闻伦理与规制	社会科学文献出版社
132	2008	林爱珺	舆论监督与法律保障	暨南大学出版社
133	2008	郝振省	新闻侵权及其预防	民主与建设出版社

续表

序号	年份	作者	书名	出版社
134	2009	郑保卫	新闻法制学概论	清华大学出版社
135	2009	阚敬侠	新闻传播中的法益冲突及其调整	法律出版社
136	2009	戴永明	传播法规与伦理	上海交通大学出版社
137	2009	"中国新闻侵权案例精选与评析"课题组	中国新闻（媒体）侵权案例精选与评析50例	法律出版社
138	2009	徐迅	新闻（媒体）侵权研究新论	法律出版社
139	2009	田韶华 樊鸿雁	传媒产业法律规制问题研究	中国传媒大学出版社
140	2009	李艺	论隐性采访的法治成本	法律出版社
141	2009	李进慧 武建敏	媒介与司法：一种理论的视角	中国传媒大学出版社
142	2009	许新芝 罗朋 李清霞	舆论监督研究	知识产权出版社
143	2009	北京市律师协会传媒与新闻出版法律专业委员会	传媒业法律风险提示与案例读本	法律出版社
144	2009	李缨 庹继光	法治视野下的司法传媒和谐论	四川出版集团巴蜀书社
145	2009	肖燕雄	传播制度与实务	湖南大学出版社
146	2009	刘建明 纪忠慧 王莉丽	舆论学概论	中国传媒大学出版社

续表

序号	年份	作者	书名	出版社
147	2010	陈力丹 王辰瑶 季为民	艰难的新闻自律——我国新闻职业规范的田野调查/深度访谈/理论分析	人民日报出版社
148	2010	高福安	媒体管理概论	中国传媒大学出版社
149	2010	孙旭培	自由与法框架下的新闻改革	华中科技大学出版社
150	2010	顾理平	新闻权利与新闻义务	中国广播影视出版社
151	2010	林爱珺	知情权的法律保障	复旦大学出版社
152	2010	黄建新	传媒：自由与责任：西方"报刊的社会责任理论"解读	上海交通大学出版社
153	2010	陈怡 袁雪石	网络侵权与新闻侵权	中国法制出版社
154	2010	徐中煜	清末新闻、出版案件研究（1900-1911）——以"苏报案"为中心	上海古籍出版社
155	2010	石屹	新闻纠纷与规避	北京大学出版社
156	2011	陈钢	晚清媒介技术发展与传媒制度变迁	上海交通大学出版社
157	2011	孟威	媒介伦理的道德论据	经济管理出版社
158	2011	王英	新闻自由冻土带的播火者	香港大世界出版公司
159	2011	朱颖	新闻舆论监督与公共权力运行	复旦大学出版社
160	2011	吴小坤	自由的轨迹——近代英国表达自由思想的形成	广西师范大学出版社
161	2011	陈堂发	批评性报道法律问题研究	上海交通大学出版社
162	2011	慕明春	法制新闻研究	人民出版社
163	2012	赵刚	公开与公平的博弈：美国最高法院如何平衡新闻自由与审判公正	法律出版社

续表

序号	年份	作者	书名	出版社
164	2012	李庆 王强 袁晓新 聂伟	实用传媒法概论	清华大学出版社
165	2012	向芬	国民党新闻传播制度研究	中国社会科学出版社
166	2012	刘斌	法治新闻传播学	中国政法大学出版社
167	2012	黄春平	西方传媒内容监督机制的历史考察	社会科学文献出版社
168	2012	张鸿霞	大众传播活动侵犯人格权的规则原则研究	中国政法大学出版社
169	2012	陈力丹 周俊 陈俊妮 刘宁洁	中国新闻职业规范蓝本	人民日报出版社
170	2012	陈绚	新闻传播伦理与法规概论	高等教育出版社
171	2012	白净	中国内地与香港媒体诽谤问题比较研究	中国政法大学出版社
172	2012	薛朝凤	法制新闻话语叙事研究	法律出版社
173	2012	吴玉玲	理念与实践：电视法制新闻生产的多维思考	中国传媒大学出版社
174	2013	孙旭培	通向新闻自由与法治的途中－孙旭培自选集	知识产权出版社
175	2013	吴秋余	表达自由视野下的新闻侵权研究——以美国宪法第一修正案为参考	法律出版社
176	2013	卢家银	第二国际的新闻自由理念 1889–1914	知识产权出版社
177	2013	倪延年	中国新闻法制史	南京师范大学出版社
178	2013	郑文明 杨会永	新闻媒体有效利用与适度控制的法制化研究	法律出版社

续表

序号	年份	作者	书名	出版社
179	2013	孙旭培	新闻自由在中国	香港大世界出版公司
180	2013	杨立新	中国媒体侵权责任案件法律适用指引	人民法院出版社
181	2013	陈绚 张文祥	新闻传播与媒介法制年度研究报告 2011-2012	中国人民大学出版社
182	2013	王伟亮	负责任报道与媒体特权免责的平衡——论应对诽谤法中特权免责对我国的启示	中国政法大学出版社
183	2013	余伟利	构建和谐社会视域下的中国新闻舆论监督研究	中国大百科全书出版社
184	2013	周丽娜	媒体与隐私：英国新闻报道侵犯隐私案例研究	中国传媒大学出版社
185	2013	姚广宜	中国媒体监督与司法公正关系问题研究	中国政法大学出版社
186	2013	华东政法大学法制新闻研究中心	2012中国年度法制新闻视角	法律出版社
187	2014	中华全国法制新闻协会 华东政法大学法制新闻研究中心	2013中国年度法制新闻视角	法律出版社
188	2014	丰纯高	论社会主义新闻自由	中国传媒大学出版社
189	2014	陈绚 张文祥 李彦	新闻传播与媒介法治年度研究报告2014	中国人民大学出版社
190	2014	岳业鹏	媒体诽谤侵权责任研究	中国政法大学出版社

表3　1978年至2014年间我国的新闻法制研究文献综述

序号	年份	作者	题目	文献来源
1	1997	晓雯	更多地关注新闻与法制——近期新闻与法制研讨综述	中国记者
2	1999	魏永征	中国新闻法学研究的回顾和前瞻	网络资源
3	2000	张西明	我国新闻侵权诉讼及相关研究的现状综述	新闻与传播研究
4	2001	董伊薇	2000年度新闻出版法规建设综述	出版经济
5	2001	陈亦骏	后新时期国内新闻舆论监督研究述评	济南大学学报
6	2002	董伊薇	2001年新闻出版法规制订综述	出版经济
7	2003	郑保卫	2002年我国新闻媒体舆论监督综述与评析	中国媒体发展研究报告
8	2003	魏永征	2001—2002年的中国媒介法研究	中国媒体发展研究报告
9	2004	姜红	2003年度中国新闻与法治研究综述	新闻记者
10	2005	林爱珺	2004年新闻侵权研究综述	新闻记者
11	2006	朱秀凌	2005年新闻侵权研究综述	声屏世界
12	2006	林爱珺	关于新闻法学研究的思考——2004—2005年新闻法学研究综述	现代传播
13	2006	陈炜	2005年中国传播法研究综述	新闻传播
14	2006	陈月生	国外政府对新闻舆论的控制和影响研究综述	社科纵横
15	2006	李玲	当代中国表达自由研究现状的解读	华中科技大学硕士学位论文
16	2006	李明德	新闻发言人制度研究述评	新闻记者
17	2007	展江 戴鑫	2006年中国新闻舆论监督综述	国际新闻界
18	2007	白继红	新华社舆论监督特点综述	新闻传播

续表

序号	年份	作者	题目	文献来源
19	2007	单文苑	近十年中国大陆新闻自由研究状况的内容分析	淮北煤炭师范学院学报（哲学社会科学版）
20	2007	颜家水	传媒产品的社会责任研究述评	湖南大众传媒职业技术学院学报
21	2007	音 坤	也谈媒介批评的概念——兼谈国内对于媒介批评概念的研究现状	滁州学院学报
22	2008	陈 慧	1991—2006年新闻自由研究综述	湖南大众传媒职业技术学院学报
23	2008	黄 瑚 杨朕宇	2007年新闻传播法研究综述	新闻知识
24	2008	杨雨丹	2007年新闻伦理与职业道德研究综述	新闻大学
25	2008	郑保卫 樊亚平 舒 纾	我国新闻职业道德研究的历史与现状述评	新闻界
26	2009	刘喜梅	媒体监督与司法公正研究学术综述	青年记者
27	2009	孙晓红	改革开放以来中国大陆的新闻法学研究	新闻知识
28	2009	赵 凯 陶文静	2008年新闻伦理与职业道德研究综述	新闻记者
29	2009	胡菡菡	权利—权力制衡理论范式的形成——媒体与司法关系研究（1993—2009）述评	国际新闻界
30	2009	李 丽	新闻采访权研究综述	现代视听
31	2010	陈 娜	2009年国内新闻传播伦理研究述评	新闻爱好者
32	2010	李迎春	徘徊于权利与权力之间——采访权研究述评	商丘职业技术学院学报
33	2011	陶艳茹	关于马克思新闻自由思想文献综述	新闻世界

续表

序号	年份	作者	题目	文献来源
34	2011	杨 秀	在通往法治的道路上不断前行——2010年新闻传播法研究综述	新闻传播
35	2011	李 蓓	近三十年我国传媒伦理研究综述	当代传播
36	2011	邵 绿	2010年新闻伦理研究综述	新闻传播
37	2011	姜彩杰 蔡麒麟	2010年国内新闻传播伦理学研究综述	新闻世界
38	2011	杨 静	2010年新闻伦理研究综述	新闻天地
39	2011	石朝阳	1999—2010年我国政府新闻发言人制度研究综述	新闻传播
40	2011	张 洋	我国公安新闻发言人制度研究综述	公安学刊
41	2012	张文婷	我国新闻舆论监督研究综述	渤海大学学报（哲学社会科学版）
42	2012	蔡 斐	2011年新闻传播法研究综述	国际新闻界
43	2012	范明献	新闻从业者道德困境问题研究综述	当代传播
44	2013	叶文丹	2012年新闻舆论监督研究文献综述	新闻世界
45	2013	蔡 斐	2012年中国新闻传播法研究综述	国际新闻界
46	2013	曾 枫	"传媒与司法关系"相关研究述评	重庆第二师范学院学报
47	2013	杨 旭	2012年国内"新闻道德"研究综述	西部广播电视
48	2013	路月玲	我国党委新闻发言人制度研究综述	广州社会主义学院学报
49	2013	高 静 鲁 洋	党委新闻发言人制度研究述评	西部学刊
50	2013	文 娟 彭 洁	国内信息自由研究现状分析	新世纪图书馆

续表

序号	年份	作者	题目	文献来源
51	2014	刘丹丹	近十年（2003—2012）来我国舆论监督研究综述	新闻世界
52	2014	蔡斐	2013年中国新闻传播法研究综述	国际新闻界
53	2014	陈雪丽	2013年中国新闻传播法制研究综述	聊城大学学报（社会科学版）
54	2014	王思达	中国法制新闻的研究现状	法制与社会
55	2014	黄鸿业	新闻学视域下"苏报案"研究现状及展望	新闻窗
56	2014	张晶晶	为什么我们没有"新闻法"——反思我国新闻传播立法研究	政法论丛
57	2014	董联	我国新闻自由研究的现状与对策研究	科技传播

表4 1978年至2014年间我国大陆的新闻法制研究商榷类论文
（始论文献以加粗字体标注）

序号	年份	作者	题目	文献来源；刊期/月份
1	1998	喻权域	对新闻学中一些基本问题的看法	新闻大学；3
2	1998	喻权域	对新闻学中一些基本问题的看法（续）	新闻大学；4
3	1999	孙旭培	学术规范与新闻学研究的深化——兼与喻权域先生的商榷	新闻大学；1
4	1999	张允若	关于"新闻自由"之说——对喻权域先生《看法》一文的质疑	新闻大学；2
5	1999	喻权域	治学需要诚实和理性——答李位三、孙旭培、张允若先生	新闻大学；3
6	1996	徐迅	三年诉讼弄清了一个法律问题——广西广电报诉广西煤矿工人报侵权案判决记	新闻记者；1
7	1996	曹瑞林	这个法律问题并未弄清——对广西广电报诉广西煤矿工人报侵权案判决的商榷	新闻记者；7
8	1998	贺卫方	**对电视庭审直播过程的异议**	中国律师；9
9	2000	张泽涛	庭审应该允许有选择性地直播——与贺卫方先生商榷	法学；4

续表

序号	年份	作者	题目	文献来源；刊期/月份
10	2010	苏跃龙	立法和司法应维护新闻真实性原则	新闻记者；1
11	2010	陈俊妮	"立法和司法应维护新闻真实性原则？"	新闻记者；8
12	2000	刘朝	记者，你为何事先不报告？	新闻记者；9
13	2000	谭权	"事先报告"可行否？	新闻记者；10
14	2000	周云龙	新闻敏感与责任感	新闻记者；10
15	2000	盛道洪	改进宣传报道 重视不同反馈	新闻记者；11
16	2000	王继民	记者做得没错	新闻记者；12
17	2000	邓少华	舆论监督为哪般？	新闻记者；12
18	2000	马勇前	舆论监督需要舆论支持	新闻记者；12
19	2000	丁松虎	应该关注那些无辜的考生	新闻记者；11
20	2000	康君 敖跃平 朱婷凤	记者，我们为你的义举叫绝！	新闻记者；12
21	2000	魏超	要尊重记者的道德选择	新闻记者；12
22	2000	吴鄂辉	良知的缺失	新闻记者；12
23	2000	陈红梅	记者的社会道义责任	新闻记者；12
24	2000	欧阳薇荪	记者何必要报告？	新闻记者；12
25	2000	林永友	事先举报不可行	新闻记者；12
26	2000	胡剑庭	曝光，是最佳的选择	新闻记者；12
27	2000	李平榕	媒体的悲哀	新闻记者；12
28	2001	徐显明 齐延平	"权利"进入，抑或"权力"进入——对"现场直播进法庭"的学理评析	现代法学；4
29	2002	张泽涛	"权利"进入，抑或"权力"进入一文之驳议——与徐显明、齐延平二先生商榷	司法改革评论；2
30	2002	魏永征	"媒体审判"有悖法治精神	经济观察报；5
31	2002	刘太阳	"媒体舆论监督"有悖法治精神吗？——与魏永征教授商榷	新闻记者；7
32	2002	吴献举	"媒体审判"是"媒体舆论监督权"的滥用	新闻记者；9
33	2002	王波 杜文娟 陈敏	"我是'皇帝新装'里的那个孩子！"——李希光实说媒体教育脱离媒体实际	新闻爱好者；8

续表

序号	年份	作者	题目	文献来源；刊期/月份
34	2003	胡正强 沙永梅	现在不需要新闻立法吗——与李希光先生商榷	新闻爱好者；3
35	2002	刘 唱	舆论监督应该"与人为善"	新闻记者；3
36	2002	蒋剑翔	舆论监督不能"与人为善"	新闻记者；3
37	2002	梁隆之	有关舆论监督态度争论之我见	新闻记者；5
38	2002	王 建	有违职业道德的一次暗访	新闻记者；4
39	2002	夏 萌	符合职业道德的一次暗访	新闻记者；4
40	2002	陈超南	在正反论争中求善——也谈《海口色轻交易大曝光》中的职业道德问题	新闻记者；5
41	2002	江 宇 郭赫男	关于隐性采访的几点思考——兼谈《海口色情交易大曝光》的是与非	新闻记者；7
42	2002	季为民	质疑"亲历盗墓"	新闻记者；4
43	2002	谭 榷	以法论事的自由空间——谈《质疑"亲历盗墓"》	新闻记者；6
44	2002	曹瑞林	舆论监督应防幼稚病——对媒体报道"黑哨"事件的冷思考	新闻记者；4
45	2002	朱征洪	何必责怪"幼稚病"——对媒体报道"黑哨"事件的"热"思考	新闻记者；6
46	2002	曹瑞林	对"黑哨"报道的再思考	新闻记者；8
47	2003	郑保卫	首先还是认识问题——十六大后搞好新闻舆论监督的思考	新闻记者；2
48	2003	王存政	究竟要解决谁的认识问题？——与郑保卫教授的一点不同看法	新闻记者；8
49	2003	郑保卫	再谈新闻舆论监督的认识问题——兼答商榷者质疑	新闻记者；11
50	2003	陈力丹	舆论监督三题	新闻传播；2
51	2003	李仲天	也谈舆论监督——兼与陈力丹先生商榷	新闻传播；5
52	2003	杨 萍	新闻发言人制度尚存隐忧	新闻记者；8
53	2003	王漱蔚	新闻发言人制度益处良多	新闻记者；8
54	2003	张果英	一种新型新闻官司的出现和处理	新闻战线；4
55	2004	徐尚青	汉德公式和传媒侵权行为的经济分析——与《一种新型新闻官司的出现和处理》不同的观点	新闻记者；10
56	2004	顾理平	隐性采访论	新华出版社；5

续表

序号	年份	作者	题目	文献来源；刊期/月份
57	2005	李开军 傅晓峰 戴保磊	公开场合隐性采访有没有底线？——兼与顾理平商榷	青年记者；5
58	2005	周甲禄	论舆论监督的主体	新闻大学；4
59	2006	田大宪	舆论监督主体的误读——与周甲禄先生商榷	社会科学评论；4
60	2005	朱 健	是传媒的"权力"还是"权利"？——谈法学视野中的传媒兼与陈先元先生商榷	新闻记者；8
61	2005	陈先元	传媒权力是大众社会的一种公权力	新闻记者；5
62	2008	张新宝	"新闻（媒体）侵权"否认说	中国法学；6
63	2010	陈 清	"新闻侵权"肯定说——兼与张新宝教授商榷	武汉科技大学学报（社会科学版）；5
64	2011	杨立新	我国的媒体侵权责任与媒体权利保护——兼与张新宝教授"新闻（媒体）侵权否认说"商榷	中国法学；6
65	2010	张鸿霞	新闻侵犯名誉权案实行过错责任原则质疑	国际新闻界；10
66	2011	罗 斌 宋素红	新闻诽谤规则原则及证明责任研究——兼与《新闻侵犯名誉权案实行过错责任原则质疑》一文商榷	新闻学
67	2010	陈力丹	记者暗访原则上不宜采用	传媒；6
68	2010	陈航行 王旭瑞	记者暗访应该得到认可——与陈力丹教授商榷	青年记者；31
69	2013	张民安	隐私权的比较研究——法国、德国、美国及其他国家的隐私权	中山大学出版社；11
70	2014	展 江 李 兵	略论隐私权的法律起源——兼与张民安教授商榷	新闻记者；7

后 记

本书是在笔者博士论文的基础上修改完成的。作为我的第一部学术专著，本书只能被视为我个人学术研究生涯初期的一个阶段性总结，它将成为我今后从事学术研究有待超越的起点。

本书的选题是和导师反复商量之后定下来的，该选题旨在通过客观、全面、清晰地描述和呈现新闻法学理论领域的论题分布、文本产出与表达特征、被引和施引状况等基础性的文献信息，来优化新闻法学的知识建构和学科成长，同时发挥帮助这一领域的研究者更加科学、准确、便捷、高效地检索和调用文献开展相关研究的作用。从这个意义上而言，本书具有一定的理论和现实意义。但是，鉴于本人学术能力有限，即便经过反复修改，本书仍有诸多令人不够满意之处，尤其是在理论的深化方面，还需要在今后的研究中不断加强和完善。

在本书即将出版之际，我首先要特别感谢我的博士生导师宋小卫研究员，能成为宋老师的学生是我一生的幸运，感谢他对我的悉心栽培和精心指导。论文的选题、写作、修改定稿，都凝聚了宋老师无尽的心血。在学业上，我得到了宋老师认真、无私的指导；在生活上，宋老师更是常常提醒我要注意身体、劳逸结合。宋老师深厚的学养、严谨的学风让我深深敬仰，而他的学术宽容、与人为善更是不断地影响着我。无论我的学业还是生活，每当我遇到困难，宋老师总会给我莫大的鼓励和支持，令我永远铭记于心。

在攻读博士学位期间，我在国家留学基金委资助下于丹麦哥本哈根大学开展了为期一年的访问学者研究，访学过程中该校媒介、认知和传播系克劳斯·布鲁恩·延森教授针对我的研究课题提出了非常中肯的建议并给予了悉心指导，在此对克劳斯·布鲁恩·延森教授的指导和帮助表示感谢。

感谢沈智扬，相识多年，我们分隔异国，聚少离多，但是他的鼓励与督促无时不带给我无尽的力量。在本书即将出版之际，他也刚刚结束在国外长达六年的求学历程，开始在国内的工作与生活，我们多年的团聚愿望也得以实现。

感谢我的父母和哥哥姐姐，在我求学的过程中，他们总是默默地关心我、支持我。无论是在物质上，还是在心理上，他们从未给我施加过任何压力，是他们对我的持续鼓励使我摆脱了求学期间的焦躁情绪，踏踏实实地完成了学业。对他们的感激之情难以言尽，我将用我的实际行动在未来的时光里报答他们。

在本书的撰写过程中我还参考了诸多专家和学者们的研究成果，对于他们，我在此一并表示感谢。

博士毕业后，我开始在中国国际广播电台博士后工作站做科研工作，感谢国际台的领导与同事对我的研究工作给予帮助和支持。最后，感谢所有对本书提供帮助和提出建议的人，尤其要感谢本人博士论文的评审专家和参加本人博士论文答辩的答辩委员会老师，对你们的辛勤付出深表谢意！